100歳時代の

勝間式

Live a lifetime of
freedom and abundance!

一生
自由に豊か
に生きる!

人生戦略

100 Life Strategy Hacks for the 100-year life

ハック100

勝間和代
Kazuyo Katsuma

KADOKAWA

何歳になっても
史上最高の自分を更新しよう。

100歳時代は自然の流れ。
したいことを１つでも多く叶えるために
今日からできること

「20年学んで、40年働き、20年休む」。この「教育→仕事→老後」という80年のパターンを、私たちは人生設計の王道だと信じて生きてきました。それが６～７年前から急に、人生は80年ではなく100年続くと言われ出し、老後資金が不足する不安と同時に、いったいいくつまで働かなくちゃいけないんだ、という不満が噴出しました。これは過去形で片付けられる話ではまったくなく、不安も不満も解消されていないのが現状です。多くの人が、ずっと60歳か65歳で定年退職することを１つのゴールにしていたのに、もう15年、20年長く働けというの？　と落胆しているのではないでしょうか。

　その落胆を引きずったまま、日々のノルマやタスクに追われて心が折れかかっている人も少なくないと思います。中には、人生が100年続くと言われ出したのは、年金の受給年齢の引き上げと同じようなタイミングだったから、政府が国民に長く働かせて搾取しようとしているんじゃないか、と勘繰っている人もいるでしょう。その気持ち、よくわかります。でも、今一度整理して考えてみると、そのタイミングの一致は偶然の可能性が高いのです。

データが示す長寿時代の到来

　そもそも、人生が100年続くと広く一般に言われるようになったのは、2016年10月に日本語訳が発売された『LIFE SHIFT（ライフ・シフト）100年時代の人生戦略』（リンダ・グラットン、アンドリュー・スコット著、池村千秋訳、東洋経済新報社）がきっかけでした。著者の2人はロンドン・ビジネス・スクールの教授で、「今20歳の人は100歳以上、40歳以上の人は95歳以上、60歳の人は90歳以上生きる確率が半分以上ある」「2007年に日本に生まれた子どもの50%は107歳まで生き得る」と記しています。54歳の私は「40歳以上の人」に該当するので、95歳以上生きる確率が半分以上あることになります。

　いっぽう、厚生労働省の統計によると、2021年の平均寿命は男性が81.47歳、女性は87.57歳です。95歳まで隔たりがありますが、平均寿命は年々延びていることを忘れてはいけません。1955年（昭和30年）の平均寿命は、男性63.60歳、女性67.75歳でした。それが35年後の1990年（平成2年）になると、男女ともに10歳以上延び、男性75.92歳、女性81.9歳になりました。**したがって、今から35年後にはさらに10歳以上延びることが予測でき、私が95歳以上生きる確率が真実味を帯びます。**

高齢になっても元気で過ごせる可能性は大！

　平均寿命が上がっている要因として、人々の健康意識の高まりや生活習慣の改善、そして生命科学の発達によって治る病気が増えたことが挙げられます。これまで不治の病とされていたガンも、治療できる病気に変わりました。また、日本人に多い糖尿病をはじめ、

心臓疾患や脳血管疾患などの血管系の病気に対する治療法も進んでいると言われます。こうした現状を踏まえて、厚労省は今後も平均寿命の記録が更新される可能性は十分ある、という見解を出しています。どうやら、私たちが100歳まで生きるのは時代の流れ、もしくは自然の流れで、逆らうことは難しいようです。

　寿命が延びても治る病気が増えているなら、高齢になっても元気で過せる可能性が高い、ということになると思います。**その分、学び直しや趣味の追求、長期休暇、転職、独立などを叶えるチャンスが増える、**と捉えることもできますよね。喜ぶべきことのはずですが、どうしても「長く働かされる」ことへの抵抗感が拭えない、という人は、人生設計を80歳用から100歳用に切り替えられていないことが原因です。

高齢でもゆるく働くのが常識になる

　真っ先に切り替えるべきポイントは仕事観で、100歳時代は70代でも80代でも働くのが"常識"になる、ということです。60歳か65歳で定年退職しても、それは単に会社勤めの終了を意味するだけで、労働期間の終了を意味するわけではありません。この話をすると多くの人が落胆しますが、それは働き盛りの今の激務をずっと続けなくちゃいけないのか、と想像するせいです。体力との兼ね合いから、高齢で激務を続けることはできません。**1日3〜4時間労働を、週2〜3日するのをイメージしてください。**

　年金で生活費の3分の2〜半分をまかなえるでしょうから、このぐらいの労働ペースで十分になります。これで、老後のお金の不安も解消できるわけです。現在の年金の受給年齢は原則65歳からで、将来的に70歳に引き上げられる可能性もありますが、その間

の生活費の柱は退職金にするといいでしょう。もっとも、本章の Chapter3「マネー戦略ハック！」で詳しく解説する運用法なら、10年で元金が2倍、20年で4倍、30年で8倍になるのも夢ではないので、今から準備すれば退職金を切り崩さずに生活できます。

　昭和の時代は、定年退職後はたっぷりもらえる年金で悠々自適に過ごすことが1つの憧れでした。が、仕事と一緒に自分の居場所をなくして、心身の調子を崩す人がいたことも事実です。最近では、「FIRE（Financial Independence,Retire Early）」という早期リタイアを実践する人が増え、目指している人も多いようですが、私は全面的には推奨していません。理由は本章のChapter0で詳しく説明しますが、やはり人間は人や社会の役に立っている実感がないと孤立感を抱いてしまって、病んでしまうのです。かりにもし早期リタイアをしても、ボランティアを含め、何かしらの社会とのつながりを持ち続けることをおすすめします。

　また、40代や50代から定年退職後も働けるような資格を取得して、備えるのも賢明です。現に、90代で看護師をされている女性がいますが、**100歳時代の仕事選びは、年齢と経験値が上がることがポジティブに捉えられるかどうかがポイントです。**あるいは定年退職まで待たずに早めに独立して、70歳でも80歳でも働ける仕組みを作っておくのも手です。私は、90代まで執筆活動や動画配信を続けたいと思っています。

老後の住居問題より人的ネットワーク構築のほうが大事

　100歳時代に向けて次に切り替えるべきは、住居の問題です。なぜか年寄りには家を貸してくれない、と思い込んでいる人が多く、そういう人は老後に住む家に困らないために家を買っておかねばな

らない、と考えますが、都心でも地方でも、年金さえもらっていれば貸してくれる物件はたくさんあります。介護サービスがついた高齢者専用の賃貸物件も増えています。日本は65歳以上の人口が28％を超えた超高齢社会ですから、**老後の住居問題は、もはや優先順位が低い問題なのです。**

　家を買うとしたら、住宅ローンを組む必要がなく、即金で中古物件を買うこと以外、おすすめしません。住宅ローンは巨大な借金で、生活の自由度を奪われますし、新築は、広告宣伝費や営業費などが値段に含まれていて割高です。

　かつては、土地も家の値段も上がって不動産価値が上がったので、ローンで買うメリットがありました。しかし、それは人口が増えていたときまでの話。人口が減っている国の土地や家の値段は上がらない、というのが大鉄則です。今の日本は人口が減っていて、すでに、地方では土地も家もめちゃくちゃ余っています。

　逆に考えてほしいのは、身内や友達などの人的ネットワークの構築です。年を重ねるにつれて、人的ネットワークが広がる人としぼむ人に大きく分かれます。言うまでもなく、病気になったときや何か困ったときに頼りになる人は1人でも多いほうがいいわけです。極端な話、住居はお金を出せば貸してくれるところがいくらでもありますが、信頼関係はお金で買えません。だからこそ、**今のうちから人的ネットワークの構築に励むことをおすすめします。**

　また、「動ける体づくり」についてもぜひ考えてください。健康意識が高い人はたくさんいますが、意外と「動ける」という観点が抜けています。さらに考えてほしいのは……、この続きは本章で明らかにしましょう。

今始めて遅いことも、あきらめることも何 1 つない！

　この本はタイトルにある通り、私が考える 100 歳時代用の人生戦略ハックをまとめた本です。100 歳時代になって人生の選択肢が増えたことで人生設計も多様化し、王道のような 1 つの「正解」は存在し得ません。

　1 つの「正解」を求めたがるのは、私たちの思考の癖です。「正解」は人それぞれ違うもので、どれが自分にとっての正解なのかは、やってみないことにはわかりません。

　だから、なるほど！　これはいい！　と思ったハックは実行して、自分にとっての「正解」かどうかを確かめてください。その作業を繰り返すことで「一生自由に豊かに生きる」力が養われていき、したいことをするときに、お金や時間、人間関係などの様々な制約を受けにくくなります。

　次のページの「100 歳時代を自由に豊かに生きる心得 10 ヵ条」を参考にして、興味がある章から読んでも OK です。

　今あなたが 40 歳なら人生はあと 60 年、50 歳なら 50 年、60 歳でも 40 年も続きます。この年月を、したいことを 1 つでも多く叶える期間にするには行動あるのみです。今始めて遅いことも、あきらめることも何 1 つありません。

勝間和代

100歳時代を自由に豊かに生きる

心得
①
お金は銀行口座で寝かせない。
証券口座で働いてもらう＝運用する。

▶ Chapter3 マネー戦略ハック！

心得
②
仕事は最高の脳トレで、他者貢献の喜びを味わえるツール。70代以降は働くペースを落として、できるだけ長く働く。

▶ Chapter0 100歳時代戦略ハック！、Chapter1 ネオ働き方戦略ハック！

心得
③
週1〜2回のジム通いより、駅の階段。
こまめに動いて「動ける体」作りをする。

▶ Chapter2 健康戦略ハック！

心得
④
日々、小さなチャレンジをすることを習慣にして、自分をアップデートする喜びを生きがいにする。

▶ Chapter5 学び戦略ハック！

心得
⑤
能力も経験も人脈も、
すべて「複利」で増える。

▶ Chapter0 100歳時代戦略ハック！、Chapter1 ネオ働き方戦略ハック！

心得**10**ヵ条

^{心得}
6
人的ネットワークがしぼまないように
新規の出会いを増やす。

▶ Chapter4 人付き合い戦略ハック！

^{心得}
7
あらゆることに
一定の余裕（スラック）を持つ。

▶ Chapter6 時間戦略ハック！

^{心得}
8
好き嫌いに正直になって、
自分の「軸」を育てる。

▶ Chapter7 自分らしさ戦略ハック！、Chapter4 人付き合い戦略ハック！

^{心得}
9
イライラすることは絶対起きる。
だから楽しいことを増やす。

▶ Chapter5 学び戦略ハック！、Chapter7 自分らしさ戦略ハック！

^{心得}
10
「下心のない親切」が自己肯定感を一番上げる。
無理なポジティブシンキングはしなくていい。

▶ Chapter2 健康戦略ハック！、Chapter7 自分らしさ戦略ハック！

Contents

はじめに 4

100歳時代を自由に豊かに生きる心得10ヵ条 10

Chapter 0

100歳時代戦略ハック！
100歳時代を正しく理解しよう

01. 3つの「蓄積」があれば、
    年を取れば取るほど幸せになれる 22

02. 資産運用も仕事も健康管理もすべて複利で動いている 24

03. 仕事は最高の脳トレ、「早期リタイア」には要注意 27

04. 80歳、90歳までできる仕事は何かを考える 29

05. 変化のスピードが速い中、
    安定を求めることはリスクになる 33

06. リスクゼロはない。リスクは管理できる範囲内に収める 35

07. 不確実性を受け入れる能力を養おう 38

08. 人が騙されやすいのは、信じるコストのほうが安いから 40

Chapter 1

ネオ働き方戦略ハック！
自分らしく働ける仕事は？

09. 仕事は最強のアンチエイジングツール ———————— 44

10. 仕事は精神的報酬も大事。
　　 金銭的報酬とのバランスを取ろう —————— 46

11. 短時間労働で成果を上げる2つのコツ ———————— 48

12. クライアントや市場に貢献しない仕事はしない ———— 51

13. バケーションしながらときどきワーク、
　　 ワーケーションをしよう ————————————— 53

14. 年を重ねるごとに市場価値が上がる仕事をしよう ——— 56

15. 労働時間に比例しない収入を1円でも作ろう ————— 58

16. 定額報酬型から成果報酬型へ。段階的に切り替えよう — 60

17. 専業主婦こそ起業向き。時間をかけて収入を倍々で増やす — 62

18. 飽きはスキルが熟達してきたサイン。
　　 飽きたころが儲けどき ————————————— 64

19. 努力しなくても成果が出るほうに進むのが正解 ———— 66

20. 3つの円が重なるところを探せば楽しく収入アップできる — 69

21. 「いいものは高くても売れる」は嘘。
　　 儲けの構造を正しく知る ———————————— 72

22. 「脱・完璧主義」をして仕事ができる人になる ———— 74

Chapter 2

健康戦略ハック！
お金よりも健康が大事

23. 健康上の「長生きリスク」を解決して、
   死ぬまで幸せに生きる ———— 78

24. 人生最大の財産はお金ではなく体力 ———— 80

25. 日常生活の質を上げることが老化予防になる ———— 83

26.「実年齢−20歳」の意識が人生を最適化する ———— 85

27. 運動は健康寿命の貯蓄。
   動かなすぎは、食べすぎよりも怖い ———— 87

28. 自転車移動で体と脳を活性化する ———— 90

29. 睡眠至上主義で太りにくくなる ———— 92

30. スリープテックを駆使して睡眠もマネジメントする ———— 96

31. 脱・出不精！　食事と運動のカギは実は部屋着です ———— 98

32. 健康ファーストが最大の美活。年相応の美しさを目指す ———— 102

33. ポジティブな若作りをしよう ———— 104

34.「1日1万歩歩く」の本当の意味を理解する ———— 106

35. 断酒はいいことだらけ。「ソーバーキュリアス」になろう ———— 108

36. 健康だからこそ利他になれる ———— 111

37. 気温管理は体調管理。
   エアコン代をケチると医療費が上がる ———— 113

38. 家中に鏡を置いて健康寿命を延ばそう ⸺⸺⸺ 115

Chapter 3

マネー戦略ハック！
死ぬまでお金に困らないために

39. ドルコスト平均法なら資産は30年で8倍になる ⸺⸺⸺ 118

40. ドルコスト平均法は相場下落時こそ"種まき"のチャンス ⸺ 122

41. 投資は予測ではなく時間で儲ける。配当の再投資がコツ ⸺ 125

42. 一生お金に不自由しないために数字感覚を鍛えよう ⸺⸺ 127

43. 「高いお金を出せばうまくいく」は幻想 ⸺⸺⸺ 129

44. 無駄遣い防止のために、
普通預金に入れるお金は必要額のみに ⸺⸺⸺ 131

45. 家が散らかっているとお金が貯まりにくい理由 ⸺⸺ 133

46. お金を貯めるためには言い訳と後回しを撲滅しよう ⸺⸺ 135

47. 「お金で時間を買う」は無駄遣いがむしろ増える ⸺⸺ 137

48. すべての支出は「投資」。
プラスのリターンがあることにのみ使う ⸺⸺⸺ 140

49. 毎日1回以上使うものは高品質にすると幸福度が上がる ⸺ 142

50. 借金は依存症の一種。
今の収入を生活の維持だけに使わないこと ⸺⸺⸺ 144

51. 浪費してしまう本当の原因を探ろう ⸺⸺⸺ 147

Chapter 4

人付き合い戦略ハック！
目に見えない資産が一番大切

52.「7つの習慣」の1つ、信頼残高を積み重ねる ———— 150

53. 人から選ばれるために必要なこと ———— 152

54. 過度な我慢は他人も傷つける ———— 155

55. 友達付き合いはなぜ最高の娯楽なのか ———— 156

56. 悪口を言う人との付き合いはほどほどに ———— 158

57. 他人に口出しする人は関わらなくていい人 ———— 160

58. 人から親切にされる人と、
　　ぞんざいに扱われる人に分かれる ———— 162

59. 勝間流SNSの活用法！
　　自分発信の情報共有は幸せのもと ———— 164

60. マウンティングの対応法、スルーするか反論するか ———— 166

61. 友達が増える趣味を持つことは将来の投資になる ———— 168

62. 自分の当たり前と人の当たり前は違う ———— 170

63. 人や世の中に対して「こうあるべき」と期待しない ———— 172

64.「無意識の偏見」を自覚するとチャンスが増える ———— 173

Chapter 5

学び戦略ハック！
日々新しいことを学んで自分をアップデート

65. 現状維持ばかりだと学習能力が低下する ━━━━ 178

66. 知的好奇心があるから成長できる ━━━━ 180

67. 知識は将来予測を可能にする ━━━━ 182

68. ベストの答えを探さない。
　　成功とはベターなことを継続すること ━━━━ 184

69. 昔学んだことは忘れよう。頑固さは成長や上達を妨げる ━━━ 186

70. 見栄は失敗の確率を上げる ━━━━ 188

71. 過度な謙遜は失敗率を上げる ━━━━ 189

72. 自分は正しいつもりでも間違っていることは多い ━━━ 191

73. 遊びはインプットをする学習の時間 ━━━━ 193

74. 独学は非効率。
　　人に習う100分の1から1000分の1しか学べない ━━━ 194

75. アウトプットを決めてからインプットを設計する ━━━ 195

76. 本の内容は忘れていい。
　　頭の中で音読しないと読むペースが速くなる ━━━━ 196

77.「耳読ウォーキング」のすすめ ━━━━ 198

Chapter 6

時間戦略ハック！
限りある時間を有効に使うために

78. チャンスに含まれるアタリは1〜2割 ——— 202

79. スケジュールの余白は、
新しいことを始めるエネルギーの源になる ——— 204

80. 物事の先送りは「時間の借金」 ——— 206

81. 継続のカギは楽しいコミュニケーション。
1人の力では続かない ——— 208

82. お金以上に時間の無駄遣いをしてはいけない ——— 210

83. 時差行動をしよう。
超過需要を避けるとコスパも快適性も上がる ——— 212

84. 「意図的な手抜き」をして時間を積み立てる ——— 214

85. スマホに時間を奪われたくないなら、
触れない時間を作る ——— 216

86. 時間予算は1日約1000分、
余命が40年あってもあと1万4600日しかない ——— 218

87. 「将来の自由時間」は、細かく短縮して貯める ——— 222

88. 5分前行動をすればイレギュラーにも対応できる ——— 224

Chapter 7

自分らしさ戦略ハック！

「常識」にしばられず、
幸せに生きる

89. お金で買えない幸せを増やそう ────── 226

90. 好き嫌いに正直になる ────── 229

91. ピンチは生活の質を上げる大チャンス ────── 231

92. 問題を発見することから逃げない ────── 234

93. 「抜け道思考」のすすめ。
正面突破より目標達成が早いケースもある ────── 236

94. 自信過剰は成長しない。ほどほどの自信でOK ────── 238

95. 無理なポジティブシンキングはしない ────── 239

96. 幸せになる最大のコツは、隣の人との比較をやめること ── 240

97. 快楽の幸せよりも、充足の幸せを増やす ────── 243

98. やらない後悔は一生引きずる ────── 245

99. 目に見えるものは相手のすべてではない ────── 246

100. 自分にとってのベストプラクティス＝正解を探す ────── 249

おわりに ────── 250

参考文献 ────── 253

※本書で紹介している情報、サービス、会社名、製品名、為替レート等は、書籍刊行時点（2023年3月）のものであり、変更となる場合があります。

100歳時代戦略ハック！

100歳時代を正しく理解しよう

3つの「蓄積」があれば、年を取れば取るほど幸せになれる

　私たちは絶対に年を取り、体も頭も衰えて、最後は必ず死にます。だからこそ、尻上がりに幸せになる人生計画を立てたいですよね。今年も1つ年を取って嬉しいな。来年もまた1つ年を取るのが楽しみだな、という感じで、年を取れば取るほど幸せになるような人生計画を立てられれば、年を取るのが怖いどころか、むしろウェルカムになると思います。

　では、それをどうやって可能にするのかというと、**知識の蓄積と経験の蓄積、そしてお金の蓄積という3つの蓄積がベースになります**。

　誰しも失敗に学びながら、20代より30代、30代より40代、40代より50代という形で、知識と経験が増えていきます。わからなかったことやできなかったことが減っていって、思い描く理想を叶えやすくなっています。日ごろそのことを意識することがないだけで、選択肢がたくさんある場合は、こっちのほうがいいかな、いや、あっちのほうがよさそうだ、という勘も働くようになっています。

　例えるなら、将棋の棋士のようです。棋士が将棋の知識と経験を蓄積するほど良い一手が指せるように、私たちも、人生の知識や経験が蓄積するほど、次の一手をより正しく指せる可能性が高くなります。その結果、落胆や後悔、ストレスも減るわけです。

　お金の蓄積は、なんでもかんでも節約するのではなく、私が長年一貫してすすめるドルコスト平均法による投資信託の積み立て（詳

しくはChapter 3参照）のように、年利4〜6％で10年で2倍、20年で4倍、30年で8倍と倍々で増える方法を取ると、お金に囚われることがなくなります。旅行に行きたいけどもったいないからやめようとか、この仕事は条件がイマイチだけどお金のために引き受けるか、ということがなくなって、より自由に、したいことを実現できるようになります。それが年を取れば取るほど可能になるんですから、100歳時代もちっとも怖くありません。

　私は今54歳ですが、まさにその心境です。50代ですでにこんなに楽しいんだから、60代、70代になったらどんなに楽しいことが待っているんだろう、と想像しただけでワクワクします。

どうせ減る若さには重きを置かない

　年を取ることをネガティブに捉える人の多くは、若さに重きを置く傾向がありますが、そんなもの、どうせ減っていきます。

　もっとも、若さは減っても、若々しくい続けることは可能なので、体型や体力の維持に努めたほうがいいでしょう。自炊を基本にして、添加物が多用された加工食品の摂取を控え、血糖値が急上昇しないように白い砂糖や白米を控えたり、座りっぱなしにならないようにスマートウォッチのアラームを設定したり。

　私も1時間座っているとアラームが鳴るように設定していますし、医師のすすめで、体が凝り固まらないように、こまめに手足をブラブラと振るようにもしています。こうした健康法や疾病予防も、知識と経験、お金の蓄積があるからこそできていることですね。

　本書は、蓄積を増やすヒントが満載です。読み進めながら、これからの人生を思い描いてみてください。自然と前向きな気持ちになれると思います。

資産運用も仕事も
健康管理も
すべて複利で動いている

　複利というと、真っ先に金融商品の金利を思い出しますよね。金利には大きく分けて単利と複利があって、単利は元金だけに利子がつくことで、計算式で表すと「元金×利回り」です。

　それに対して複利とは、元金と前年についた利子の合計額に対して利子がつくことで、計算式で表すと「（元金＋前年の利子）×利回り」です。利子が利子を生んでふくらんでいくため、ある一定以上のレベルになると、増えるスピードが速くなって、どんなに使ってもお金が減らなくなります。そこまでいく人はほんの一部の超富裕層だけなのですが、ドルコスト平均法による投資信託の積み立ても、地道に続けることで倍々の複利効果で増えていきます。

　この複利効果は金利だけの話ではなく、**実は仕事や家事のスキルアップ、人間関係、情報収集、運動習慣などもすべて同じで、上手な人はすべて複利効果で増やしています**。例えば仕事の場合、私は今1500字の原稿なら、おそらく15〜20分で書き上げられます。3000字で30分、5000字で1時間かかる感じです。この話をすると、たいていの人に速いと驚かれますが、頭の中に浮かんだことを言語化するのは一種のスポーツやゲームのようなもので、繰り返すうちに速くできるようになります。

　私は会社員時代の企業レポートも含めて、30年以上文字を書き続けています。途中から音声入力というテクノロジーがくっついてきたおかげで、複利効果が加速しました。その結果、効率化を極め

られて、短時間労働を達成できたわけです。短時間労働を達成する条件は、少ないインプットで、それまでと同じかそれ以上のアウトプットをすることですが、そのカギになるのは複利効果なのです。

本を読むスピードも、読めば読むほど速くなります。その分、情報を得るスピードも速まりますよね。情報をたくさん得られるのは楽しいからまた読みたくなって、するとさらに読むスピードが速くなって、得られる情報もさらに増える、という好循環が生まれます。スポーツの上達も同じですよね。やるからうまくなって、うまくなるとやりたくなる、というわけです。

私はよく歩くようにしていて、1日1万歩以上歩くようになって10年近く経ちますが、こうした健康習慣が続くのも複利効果だと思っています。歩くから筋肉がつく、筋肉がつくから歩くのが苦でない、だからまた歩く、と。天気が悪いときなどは億劫になりますが、ずっと複利で増やしてきたことを思い出すと、ここでサボったらもったいない、という意識が働くので、歩く気になるのです。

多くのことが、複利で動いているということをイメージすると、ほんの小さなことでもちゃんと大事にしようと思えます。

マイナスの複利にハマらないように

逆にマイナスの複利もあります。その代表格がお酒やタバコ、ギャンブル、消費者金融から借金することなどです。お酒を飲んでストレスを発散しているようで、肝臓に負担をかけたり睡眠の質を下げたりして健康を害し、それが新たなストレスの一因になるからまた飲む、という悪循環です。タバコやギャンブル、借金も、すればするほど倍々で自分の健康や生活にダメージを与えます。運動不足もマイナスの複利ですね。運動不足だから疲れて動けない、動けない

から運動不足になる、というふうにマイナスの複利がどんどんかさんでいきます。

　人間関係がうまくいかなくなる人も、マイナスの複利が働いている可能性が高いでしょう。人には、年を取るほど人間関係が豊かになる人と、年を取ると人間関係が乏しくなる人がいますが、前者は思いやりを持って接するとか親切にするとか、相手に一緒にいて心地いいと思ってもらえることを心がけているから、常に人から誘われます。知り合いから新しい知り合いにつながって、人脈がどんどん広がるのもこのタイプの人です。「人に紹介したくなる人」だから、**知り合いが複利で増えていくのです**。

　後者の人間関係が乏しくなる人は、約束を守らなかったり自己中心的だったり、人の癇に障る言動をするなど、イマイチなことをしがちです。そうしたことを繰り返すから誘われなくなって、誘われなくなるから人間関係が乏しくなる、という悪循環に陥って、マイナスの複利が働いてしまいます。

　このように、複利効果はよくも悪くも、人生のいろんなところで働いているのだと思います。そのことを念頭に置いて、これはプラスの複利でどんどん増やしていこう、逆にこれはマイナスの複利だからできるだけ減らしていこう、というふうにバランスを取ってみてください。そうすると、小さなインプットで大きなアウトプットを得られるようになって、自分が望む方向へぐんぐん進んでいけるでしょう。

　人生を制するために、プラスの複利を味方にする。裏を返すと、**複利を制する者は人生を制する**、ということになります。

仕事は最高の脳トレ、「早期リタイア」には要注意

　数年前から欧米を中心に、経済的自立と早期リタイアを意味する「FIRE（ファイア）」(Financial Independence, Retire Early)が流行っています。日本でも注目と関心が高まっていますが、私はFI（経済的自立）はよくても、RE（早期リタイア）はやめたほうがいいと思っています。**なぜなら、仕事を辞めると認知機能が低下するスピードが速まりやすいからです**。すると、物覚えが悪くなるだけではなく、前頭葉の働きが悪くなるため視野狭窄に陥って、怒りっぽくなると言われます。

　私は100歳まで生きる予定でして、仕事はペースを落としてできるだけ長く、体や頭が動く限りは続けるつもりでいます。その最大の理由は、仕事は最高の脳トレだからです。

　仕事というのは、業種や業界によらず、ある一定の制約条件の中で、様々な取引先やクライアントのニーズ、上司の気持ちを推し量りつつ、自分が最大限に貢献できることを考え続ける作業で、実はものすごく頭を使っています。考えてみれば当たり前で、自分1人のために使えばいい頭の部分と、顧客や取引先、上司のためにも使う部分を比べたら、どう考えても後者のほうが大きくなりますよね。仕事は、お金を得るための手段として認識されていますが、実は脳を鍛える脳トレの手段でもあるわけです。

　仕事じゃなくて、ボランティアでもいいのでは？　と思う人もいるでしょう。実際、定年退職後にボランティア活動を始める人は多

いと思います。社会的意義があることで、私も複数のボランティア
をしていますが、脳トレという意味においては、ボランティアは仕
事に劣るのです。なぜなら、少額でも、お金を稼ぐことがカギにな
るからです。

　誰しもお金を稼ぐ大変さは身に染みていて、より多く稼ぐために
はどのような勉強をすべきか、何を改善したらいいか、類似した新
製品や新サービスはあるのかなど、ひたすら考えるものです。お金
を得るから、ひたすら考えるのであって、お金を得られなかったら
そこまでしないでしょう。別の言い方をすると、人は自分の仕事に
プライドを持つもので、プライドがかかる以上、意図せずとも自然
と頭を使うものなのです。

脳トレグッズより仕事

　脳トレや認知症予防にいろいろな商品が開発されていますが、や
はり、仕事に勝るものはないと思います。仕事が最高の脳トレであ
るという発想があると、早期リタイアに憧れるどころか、仕事を早
く辞めるのが怖くなります。仕事がキツイ、ツライ、辞めたい、と
泣き言を言いたくなるときもありますが、この仕事が自分の脳と人
生の活性化につながる脳トレになっているんだと思えば、仕事に対
する見方が変わると思います。

　もちろん、やりがいがあって楽しくできる仕事が一番ですが、楽
しいことばかりではないのが仕事です。そういうときこそ、これは
脳トレのためにやっているんだ、と割り切ってみるのはいかがで
しょう。100歳時代において、仕事は脳トレとして細く長く続ける
ものである。こう考えることで、老後の健康の不安と一緒に経済的
な不安も解決できると思います。

80歳、90歳まで
できる仕事は
何かを考える

　定年退職するまでちゃんと貯蓄と資産運用をしておけば、定年後はそれを老後の生活費にあてつつ、年金をもらえるのでお金に困ることはないでしょう。問題は、定年してすることがなくなることです。どうも、60歳や65歳までしっかり仕事した人ほど、仕事をしたくなるようです。

　定年後、仕事と一緒に自分の居場所や存在価値まで失って、心身の健康を害した、という話を聞いたことがありませんか？　きついノルマやハードワークから解放されて、好きなことをして自由を満喫するはずが、悲しすぎる計算違いですよね。そうならないために、**今のうちから、自分が80歳、90歳まで続けられる仕事はなんだろう、と考えながら働くことをおすすめします。**

　普通の会社員で、これといった特別なスキルは持っていないから、80歳、90歳までできることなんてない、と思うかもしれませんが、実は、コロナ禍以降にしてきた在宅ワークと、それはニアリーイコールなのです。つまり、在宅でできることが、80歳、90歳までできる仕事ということになります。

　例えば私の場合、今現在の主な在宅ワークは文筆業とYouTubeの動画配信で、両方とも80歳、90歳まで続けられそうです。一時期、ばね指（指に発症する腱鞘炎の一種）が悪化して、痛みからこの先キーボードを叩けなくなるという不安がありましたが、音声入力ができるようになったおかげで、話すことができる限りは続けられる

と思っています。音声入力の機能がどんどん上がっていることを考えると、加齢によって滑舌が悪くなっても、なんとかできそうです。

　YouTubeの動画配信については、数十年先、YouTubeがあるかどうかはわかりませんが、類似した動画サイトは残ると思うので、それを使って自宅から何かを発信するということはできます。見た目がおばあちゃんになって、話すスピードも遅くなると思いますが、その分、年を重ねたからこその広範な知見が増えて、より面白い話ができるようになっているはずです。

高齢になったら働くことが生きがいに変わる

　80歳、90歳までできる仕事を考えろだなんて、いったい何歳まで働かなくちゃいけないんだ、と嘆く気持ちもよくわかります。が、しかしそれは、今はまだ若くてタスクが山積みだからです。**高齢になったら、働くことが生きがいや楽しみに変わるはずです。**それを体現されている、97歳の現役看護師さんがいらっしゃいます。2021年11月に発売された『死ぬまで、働く。』（すばる舎）の著者の池田きぬさんです。

　きぬさんは戦前から看護婦、保健婦として活躍していて、75歳のとき三重県の最高年齢でケアマネジャー試験に合格しました。88歳からサービス付き高齢者向け住宅で働き始めて、今も週1〜2回朝から勤務しています。施設側も、高齢の入所者の気持ちがわかるスタッフに働いてもらったほうが評判が上がることから、メリットが大きいわけです。

　また、入所者の多くはきぬさんより年下なので、自分も頑張らなくちゃいけない、といい刺激になるのもメリット。さらに、彼女を慕っていろんな人材が集まってくるそうで、高齢になっても元気で

働けるのは、一種のブランドなんだなぁと思いました。若い人には
ない経験が武器として加わるため強いのです。

テクノロジーを味方につけて新しい需要を摑む

　友人がVR（Virtual Reality・仮想現実）で映画を作っているのです
が、このVR映画に出演する俳優さんは誰でもできると聞きました。
バーチャルなので登場人物はアバターで作るため、俳優さん自身の
年齢や外見は関係ないことを知ってとても面白いと思いました。あ
る程度の演技力と発声は必要ですが、それ以外は基本不問とのこと。
美男美女じゃなくても、若くなくても俳優ができる時代になったよ
うです。

　考えてみれば、すでにYouTuberの中にもVRを使ったVTuberが
いますよね。私は今YouTubeで顔出しをしていますが、80歳や90
歳になったらVRのキャラクターに変えて、VTuberになってもいい
わけです。そうやってテクノロジーを味方につけることは、より長
く仕事を続ける秘訣でしょう。

　今ヨガやピラティスのインストラクターの方は、スタジオに行っ
て教えている人が多いと思いますが、自宅からも配信してオンライ
ンレッスンもできますよね。スタジオのインストラクターは若い人
が多いですが、配信なら高齢になってもできるし、むしろそのほう
が同世代のお客さんを摑みやすくなります。

　新しい需要というのはそうやって生まれるもので、80歳、90歳
になってもできるヨガやピラティスを考えればいいわけです。それ
を教えるインストラクターは、必ずしも若い人である必要はありま
せん。

成長分野で早めの"種まき"を

　自分がより長くできる仕事は何か、ということを考えると、どういう方向にキャリアを伸ばせば実現可能か、ということも見えてくると思います。そのとき、**これから伸びる成長分野と廃れていく衰退分野を調べて、前者の成長分野を目指すようにしてください**。時代によって成長分野と衰退分野は変わりますが、成長分野に早めに"種"をまいて継続すれば、いずれトップになれる可能性が高くなります。逆に廃れてしまった衰退分野で生き残ろうとするのは至難の技で、骨折り損になりかねないので注意が必要です。

　その"種まき"は、会社に勤めている人の場合、副業という形でスタートするといいでしょう。それで、60歳か65歳の定年を待たずに独立したほうが80歳、90歳まで働ける環境を整えやすいと思ったら、独立を検討することをおすすめします。

変化のスピードが速い中、安定を求めることはリスクになる

19世紀よりは20世紀、20世紀よりは21世紀と、ありとあらゆることの変化のスピードが加速して激しくなっています。その大きな要因は情報技術の発達やエネルギー技術の発達で、ものすごい勢いで社会をよりいい方向にドライブしています。そのドライブの中で、安定を求めようとするとリスクになってしまいます。なぜかというと、安定とは、一定の状態を維持して激しい変動がないことを意味するため、今の時代においては時代遅れになる可能性を秘めているからです。

安定がリスクになる典型例は、住宅ローンです。以前なら30年ローンで住宅を買うのは何の問題もありませんでしたが、今は30年間一定の金額を払い続けることが、生活の中でのリスクになってしまいました。購入後によりよい住宅をより安く提供される可能性もありますし、よりよい仕事が見つかって引っ越しを余儀なくされる可能性もあり、その場合、購入した住宅という固定したものがあるとリスクになるからです。

また、金利の問題もあります。固定金利で借りる場合、変動金利より固定金利のほうが安く済むと思って選んだはずが、のちに金利が安い時代が来て、借りたときの金利のほうが高くなる可能性もあります。逆に変動金利はリスクが高いと思われがちですが、長期金利より低い短期金利近辺で借りられるのでよっぽどお得なのです。このように、**私たちは固定しているものが安全で、変動するものは**

危険と思いがちですが、今のように世の中の変化が激しい時代においては逆で、固定していることがリスクになるのです。

スキルと人間関係の固定化が招く悲劇

　安定がリスクになる最大の例は、1つの会社に長く勤めることです。1つの会社に長く勤めると、スキルも人間関係も固定化しまって、転職や独立をして自分を試すことが怖くなるため、どんどん能力が落ちていきます。これが今、多くの40代、50代の男性に起きている悲劇です。本人たちはベストを尽くしているつもりかもしれませんが、スキルの固定化によって、能力が給料に見合わなくなっているため、会社は彼らの用途を持て余している、というのが現状です。

　それに比べると、女性は派遣社員やパートタイム、時短勤務などで働く可能性が高くて流動性があったため、様々なスキルを身につけつつ、コミュニケーション能力も磨くことができました。それが、女性が活躍できる場とニーズの増加につながっていて、今後もますます増えるでしょう。

　私は、洋服はサブスクのエアークローゼットを愛用していて、レンタルしています。なぜなら、服を買うことがリスクだからです。流行はもちろん、自分の体型も好みも変わります。住まいが変わる可能性もあって、その場合、服が多いと引っ越しにかかる労力も費用も増えてしまいます。

　そうならないように、物事はあえて流動的にしておいたほうがリスクが少なくなる、という新しい認識を持ってください。同時に、変動に耐え得るように、自分自身の考え方や姿勢を変えることをおすすめします。

LIFE HACK 06

リスクゼロはない。リスクは管理できる範囲内に収める

　リスクフリーとは、もとは金融・証券用語で、損失が出ない長期国債などの元本が保証された安全な資産を指します。そこから派生して、一般的に「損や害がない」「危険をおかさない」といった意味で用いられるようになりました。

　どんなことにおいてもリスクをゼロにして、リターンだけを得たいですよね。しかし残念ながら、自然現象をはじめ私たちの命や健康、お金、住まい、食、仕事など、すべてにかかるリスクをゼロにすることは不可能です。そのことを踏まえて、リスクフリーの意味を定義し直すと、**リスクを最小限に抑えて、自分が管理できる範囲内に収めること**になります。

　わかりやすい例で言うと、車の安全性能を求めることがリスクフリーになります。車に乗ること自体、まったくもってリスクフリーではありません。私も自家用車に乗りますが、常に車の故障や事故に遭うリスクと背中合わせの状態です。そのリスクをゼロにすることはできませんが、最小限に抑えるために、360度監視の車に乗っています。360度監視の車には自動ブレーキがついていて、事故を事前に回避する方向で動かしてくれます。

　実際、中央道を走行中に、前の車に急ブレーキを踏まれたことがありました。何かと思ったら前の車の前で衝突事故が起きていたのです。私の車は自動ブレーキのおかげで止まり、私の後ろの車も自動ブレーキがついているだろう車だったので、衝突を避けることが

できました。

　人によっては、衝突事故に巻き込まれそうになったことをリスクが大きいと捉えて、だから車に乗らない、という選択をするでしょう。でも、車に乗りたい人や車が生活必需品になっている人は、安全性能が高い車を選べばリスクフリーになる、と考えるわけです。自分の願望や目的を明確にすると、どうすればリスクを最小限に抑えて達成できるか、ということも明確になると思います。

銀行預金も会社勤めもリスクフリーではない

　お金を貯めるために、多くの人が銀行預金をすると思います。あるいは、個人年金を定期積立する人もいるでしょう。いずれも元本は減らないので、その意味ではリスクフリーです。ただ、長年貯めても、たくさん増えることもありません。増えても微増です。

　多くの人が、定年退職を迎えて年金を受け取る段階になって初めて、年金がちっとも増えてない現実に直面します。年金として積み立てる額は、ざっくり言って収入の4分の1未満だと思います。それが元本で、元本以上にほとんど増えていないわけです。年金生活を始めようにも、働いていたときの給料の4分の1未満しかもらえなければ、生活は破綻します。すなわち、これはまったくリスクフリーではないのです。

　私が長年一貫して、ドルコスト平均法による投資信託の積み立て（詳しくはChapter 3参照）で運用を、と呪文のように言い続けているのも、この方法であれば、資本主義が破綻しない限り、最小限のリスクに抑えながらお金を増やせるからです。

　また、私はかねてから、会社に頼りきった働き方をしてはいけない、ということも言っていますが、これもまったくリスクフリーで

はないからです。社員として働くということは、会社の業績の良し悪しや上司の評価に左右されるリスクがあって、自分が管理できる範囲内に収められません。ある意味、リスクフリーとは真逆の環境です。

　もちろん独立しても、一時的に仕事が減って収入が下がるなどのリスクにさらされますが、自分の裁量でコストパフォーマンスを考えながら稼げます。第三者が介入しない分、得られる評価もより正当なものになり得ます。このほうが、私のイメージでは、リスクフリーに近い状態なのです。

不確実性を
受け入れる能力を養おう

　私たち人間の性質として、なんでもかんでも白黒つけたがって、1つの答えや解決策を求めたがる傾向があります。お金や仕事に困っているときや、人間関係のトラブルを抱えているとき、健康に不安があるときほどその傾向が強まるため、怪しげな人の言うことも信じ込んで騙されやすくなります。そうならないために、物事の多くは簡単に答えが出なくて、抽象的なものだ、と認識することをおすすめします。

　こうした不確実性を受け入れる能力を「**ネガティブ・ケイパビリティ（negative capability）**」と言います。困っている状況や不安な感情をとりあえずいったん受け止めて、その中でできることを探していく姿勢です。変化のスピードが速い現代社会においては、早急に答えを出すことを求められがちですが、それは「結果を急ぐ」ことになりかねません。もしかしたら、物事にじっくりと取り組む能力が退化している可能性も……。そもそも、困り事や不安はすぐに解決されるものではない、と心得ましょう。

　例えば、医師の診断を受けるとき、本当にいい医師というのは、曖昧なことしか言いません。絶対治ります、とも、必ずよくなります、とも言いません。それはなぜかというと、経験を積めば積むほど一概には言えない多様なケースに直面し、物事は流動的かつ不確実なことを熟知しているからです。患者としては、この薬を飲めば治ります、この手術をすればよくなります、と明言してほしいとこ

ろですが、そういうことを安易に口にする医師ほど、信用に値しないのかもしれません。

人生の基本は宙ぶらりん

ビットコインやイーサリアムなどの暗号資産（仮想通貨）も、不確実性が高いものです。暗号資産とは、インターネット上でやりとりできる財産的価値で、国家や中央銀行によって発行された法定通貨ではありません。また、利用者の需給関係などの要因によって価値が大きく変動し、詐欺事件なども数多く報告されていることから、利用するには注意が必要です。

そうしたことから、私は暗号資産は短期的な取引で利益を得る投機にしかなり得ないのが現状だと思っています。しかし今後様々な条件が整えば、長期的な取引で利益を得る投資対象になるものが出てくるかもしれません。繰り返しますが、現状は投資対象としてすすめる段階ではありませんが、これも白黒つけられない一例には違いありません。

すべての物事に白黒つけて問題を解決したほうが気持ちいいですが、それはあり得ないことです。だから、**白黒つけられないことがデフォルトで、人生の基本は宙ぶらりんだと思ったほうがいいでしょう**。宙ぶらりんな状態で居心地が悪い、早く解決したい、と思って行動したときほど拙速になりがちです。つまり、行動は速いけど、ツメが甘くて出来が悪い結果になる、ということ。

問題解決を急げば間違った選択をする可能性もあります。だから宙ぶらりんな状態を良しとして、その状態でできることを考えて前に進んでいく、という確率論的な考え方をしたほうが、余裕を持って対処できるため、いい結果につながると思います。

人が騙されやすいのは、信じるコストのほうが安いから

依然として、振り込め詐欺や架空料金請求詐欺などの特殊詐欺が横行していますが、なぜ私たちが詐欺に遭ったり悪い人に騙されてしまうかというと、**基本的に人間は、相手の善意を信じるようにできているからです。**

例えば、何か食品を買うとき、この賞味期限は正確なの？　本当に小麦粉入ってないの？　などと、パッケージに書いてあることをいちいち疑わないですよね。それは、世の中の95％ぐらいの人は騙さないからで、信じるのが自然です。また、いちいち疑うコストよりも、正しいことだと信じて行動するコストのほうがはるかに安く済みます。だから、私たち人間は、生存競争の中で人を信じるタイプの人のほうが生き残っているわけです。いちいち人を疑っていると行動が遅くなりますし、疑ってばかりいると、信じていい人を信じられないケースも出てきて、人間関係も悪くなってしまいます。

ただ、信じることを基本にしている結果、私たちは一定確率で騙されます。前述した通り、世の中の95％の人は騙しませんが、残りの5％の人は騙します。愛情や思いやりが著しく欠如したサイコパスや、良心が欠けていて反社会的な行動をためらわないソシオパスなど、人を騙すことについてまったく心が痛まない人には注意が必要です。

その注意の仕方のポイントは2つあります。1つ目はまず、世の中の5％の人は、平気で人を騙せることを念頭に置いて、初対面の

ときや人と親しくなる過程では、**この人は95％の騙さない人なのか、それとも5％の騙す人なのか、と探りを入れる癖をつけること**です。

　もう1つは、**相手の実績を見ること**です。嘘をつかない、約束を守る、思いやりがあるなどの実績を見て、疑わしい点がなければ、人を騙す人ではないと判断していいと思います。言うまでもなく、嘘をつく、約束を守らない、思いやりがない人は信じるべきではない、と判断したほうがいいでしょう。

騙されないと思っている人ほど騙される

　生存競争に勝つのは人を信じる人で、そのために私たちは騙されるリスクがある。このことを自覚してください。私は騙されない自信がある、と言う人ほど、騙される可能性が高まります。なぜなら、騙されるリスクについて知ろうとしないからです。

　もっとも、騙されるリスクを自覚すると言っても、常に人を疑ってかかれ、というわけではありません。2つの注意点を守って人と接して、信じていいかどうか迷ったときはとりあえず信じて、イマイチなことが起きたら態度を変えて信じないようにしよう、といったゆるい感じでOKです。ある意味、騙されることを前提にした人間関係です。そうすれば、万一騙されたときの被害も精神的なショックも最小限に抑えられると思います。

　繰り返しますが、世の中のほとんどの人は騙さない人ですが、5％ほど騙す人がいます。5％しかいないなら、そんなに注意しなくてもいいのでは？　と思いたくなるのは、私たちが人を信じるようにできているからです。特殊詐欺の被害者にならないためにも、**5％の騙されるリスクがあることを忘れないようにしてください。**

1

ネオ働き方戦略ハック！
自分らしく働ける仕事は？

LIFE HACK 09

仕事は最強の
アンチエイジングツール

　仕事をする大きな目的は、金銭的な報酬を得ることです。市場や
クライアント、上司などのニーズに合わせて自分の能力を発揮して、
その対価としてお金を受け取るということ。受注後、納品まで1人
でできる仕事というのはクリエイターなどの一部の職業に限られて
いて、たいがいの仕事は人と会話をし、やり取りをしながら進めま
す。そして、よりいい成果を上げるためにはコミュニケーションを
重ねることが必要不可欠ですが、**そのコミュニケーションによって
得られる健康効果が、100歳時代においては、仕事をする大きな目
的になり得ると思います。**

　まず、人と話すという行為は、声と一緒に口から空気を吐くこと
で、吐けば自然と吸うようになるため、浅くなりがちな呼吸が深く
改善します。また、口をはじめ、頬や目、眉も一緒に動くため、表
情筋のトレーニングにもなり、顔のたるみやシワの予防になるで
しょう。

　また、コミュニケーションをしながら、クライアントや上司が何
を求めているのか、どんな仕上がりをイメージしているか、という
ことを想像しますよね。それが恰好の脳トレになる、という話は
Chapter 0でしましたが、メタ認知を鍛えるトレーニングでもある
のです。

　メタ認知とは、自分と相手の行動や感情、考えなどを俯瞰して、
客観的に捉えて制御することです。加齢とともに物覚えが悪くなる

など、脳も老化しますが、メタ認知を鍛えることで脳の若返りになると言われています。

言うまでもなく、アンチエイジングには運動や食事、睡眠などの管理も必要ですが、**コミュニケーション能力とメタ認知を同時に鍛えられる、すなわち、アンチエイジングツールとしてピタッとはまるものは、仕事以外にないように思います。**しかも、報酬も得られて、やりがいを持続できます。もし今、何歳まで仕事をしようかと考えている人は、できるだけ長く働くことをおすすめします。

専業主婦（夫）の仕事もメタ認知を鍛える

年金の受給年齢の引き上げが問題になっています。なんとか阻止したいところですが、最終的には引き上げはやむを得ない気がします。それと引き換えに、行政には高齢者差別をなくして、高齢になっても気持ちよく働ける環境をどんどん作ってもらうことを望みます。そうすれば長く働くことが一般的になって、年金の受給年齢が引き上げられても生活の破綻は防げます。

おそらく、未来の60歳や65歳は、今の52〜53歳の印象ではないかと思います。なぜなら、医療分野の研究と技術の進歩によって、見た目も中身も全体的に若返ることが予想できるからです。

専業主婦（夫）で、家族の面倒を見るのが仕事の人もいると思いますが、**面倒を見るというのも相手のニーズを想像しながら行うことなのでメタ認知を鍛えられます。**自分はこんなにやってあげているのに誰も感謝してくれない、と腹が立つときもあるものですが、これは自分のアンチエイジングになっている、と気持ちを切り替えてみてください。スーッと怒りが収まるかもしれませんよ。

仕事は精神的報酬も大事。金銭的報酬とのバランスを取ろう

　私が50代になったころから、身の回りの人たちで、労働収入ではなく資産収入すなわち不動産収入や金融資産の値上がり益などを主な収入源にする人が増えてきました。なんとも羨ましい限りですね。ところが、彼らは「労働収入のほうが楽しかった」と口をそろえて言います。

　いったいなぜなのでしょうか。労働収入の場合、自分が社会のためになるモノやサービスを作ったり、それを提供して利用するお客さんに喜ばれたりすることでやりがいを実感できますが、資産収入にはそうした実感がありません。不動産収入は不動産市況に、金融資産はアメリカの株式相場などに左右されるもので、自分が何をしたとかどういう努力をしたということと関係ないわけです。

　もちろん、彼らは儲けるために幅広い情報収集を常にしていますが、それで儲けが増えても、労働収入を得るような楽しみはないと言います。つまり、**金銭的報酬が大きいのは資産収入だけど、精神的報酬が大きいのは、自分の貢献度がわかる労働収入**ということになるでしょう。

　この金銭的報酬と精神的報酬は、業種によっても異なります。この業種は収入が高い、低いというイメージはありますよね。例えば私の場合、会社員時代はずっと金融業界にいましたが、金融業界は給料が結構高いです。なぜ金融業界は給料が高いかというと、これは私見ですが、業界が儲かっていること以上に、金融の仕事はもの

やサービスを作ったり提供する仕事に比べて、精神的報酬が低いからです。モノやサービスを作ったり提供する仕事は精神的報酬が高いので、金銭的報酬が低くてもみんな就職してくれます。ところが、金融業界は精神的報酬が低いので、金銭的報酬を高くしないとなかなか人が集まらないのだと思います。

自分にとってのベストバランスを考える

　無論、精神的報酬と金銭的報酬のどっちが大事か、ということではなく、この2つのバランスを取ることが重要です。

　私はこうして本を出したりYouTubeで動画配信をしていて、多くの方から、勝間さんのおかげで理想的な転職や独立ができました、とか、順調に資産を増やせています、という嬉しい声をいただきます。それが私にとっての精神的報酬で、次の仕事につながるモチベーションになっていますが、金銭的報酬がゼロだったら、次もまた喜んでもらえるように頑張ろう、とは正直思えません。

　この金銭的報酬と精神的報酬のバランスは、人によって異なります。お金よりもやりがいを多く求める人もいれば、逆の状態を理想とする人もいて、均等ではありません。今一度、自分にとってのベストバランスを考えてみてください。そしてもし、今の仕事に満足していないとしたら、バランスが崩れている可能性が高いでしょう。バランスを取り直すことができるなら、試みてください。それが難しければ、異動や転職、独立を検討することをおすすめします。

　金銭的報酬も精神的報酬もないのは論外ですし、片方だけでも継続するのが困難になります。また、片方だけ増えてもバランスは崩れます。**自分にとってのベストバランスを取りながら、両方の報酬を増やすことを考えてください。**

短時間労働で
成果を上げる2つのコツ

　私は週に5〜7日働いていますが、できるだけ1日3時間以上は働かないようにしています。少ないときは30分で、長くて4〜5時間。平均すると1日の労働時間は1時間〜1時間半になります。会社員時代と比べて仕事の数は減っていないことを考えると、当時はいかに不必要な内部の仕事が多かったか、ということを痛感します。

　コロナ禍になってリモートワークが定着したことで、同じようなことを感じている方はいるのではないでしょうか？　逆に、時間に拘束されない分、つい働きすぎてしまう、という人もいるでしょう。そこで、短時間労働で成果を上げるコツをお教えしたいと思います。**コツは2つあって、1つはオーバースペックにしないこと。もう1つはテクノロジーをどんどん活用することです。**

　まず1つ目の「オーバースペックにしないこと」ですが、世の中の仕事には「念のための仕事」が実に多いのです。「保険仕事」とも言われますが、例えば会議やプレゼンで必要な資料を作るとき、本当に必要なのは1枚か2枚なのに、念のためこれも入れておこう、あれも入れておこう、と何十枚もパワポを作ったりしがちですよね。製品やサービスを開発するときも、消費者が求めているものは1つか2つなのに、あれもこれもそれもどれも、と次々に付帯して、製品やサービスを肥大化させがちです。その結果、消費者のニーズからかけ離れたものが出来上がってしまいます。

　そうならないように、**本当に必要なことだけをまずやって、それ**

で不足が生じたら後から付け足す、というやり方に変えましょう。労働時間が圧倒的に減ります。

長時間労働の人はテクノロジーを使わなすぎ

2つ目の「テクノロジーをどんどん活用すること」は、人間が自力でできることには限界があるから、テクノロジーに頼ろうという話です。

私が新卒で会計士として働き出したころは、コンピューターが1人1台ない時代でした。会計帳簿などもすべて紙の表に手書きで書き込んで、計算機を叩いて検算していました。その後、証券アナリストになってからも、様々なレポートを作成するとき、キーボードをひたすら叩いていました。当時は音声入力がなかったから、そうするしかありませんでした。

それが今や、計算は一瞬でできるようになって、音声入力も進歩しました。いちいち文章で残さなくていいものも増えて、本当に世の中が変わったな、と思います。

私はYouTubeで動画配信していますが、動画配信をせずに、リアルに会った人に1人ずつ話して回ったら、喉はかれるし、1年かかっても動画の視聴者数を上回ることはできません。動画配信だから一度に何千人、何万人もの人が見てくれるわけです。その結果、私は短時間労働を実現できている、と。

もしかしたら、どうしても長時間労働になってしまうという人は、テクノロジーを使わなすぎるのかもしれません。**テクノロジーを使えば、たいていのことは短縮化できるはずです。**長時間労働をしても、成果物のクオリティが上がるわけではありません。それなら、短時間で済ませられる方法を取って、残りの時間は好きなことや、

自己実現のために使うべきでしょう。実際のところ、テクノロジーを使ったほうが正確性も増して、クオリティが上がる可能性が高いケースが多いと思います。

労働生産性が上がると新たな仕事を作る？

　テクノロジーの進歩によって、労働生産性はすごく上がっています。それなのになぜ、その分の労働収入が労働者側に入らないか、ということを疑問に思ったことはありませんか？　その答えは2つあって、1つは資本家に入っていきます。これは想像がついたと思いますが、もう1つがなかなか興味深くて、**労働生産性が上がって時間を短縮できると、多くの場合、人間は新たな仕事を作って労働生産性を下げてしまう**そうなのです。

　その理由は、これまでの8時間労働という仕組みを変えたくないから。うちの会社がまさにそう、と思った人は多いでしょう。でもこれは組織に限らず、私たちは変化を嫌う生き物なので、無意識のうちにそうしてしまっている可能性もあります。人によっては、時間を短縮できたことに罪悪感を覚える人もいると思います。それで、新しい仕事を増やしてしまったら、いつまで経っても短時間労働は実現できませんよね。「念のための仕事」がどんどん増えてオーバースペックになる、という悪循環に陥ることも考えられます。

　短時間労働を実現したいなら、オーバースペックにしないことと、テクノロジーをどんどん活用することを肝に銘じましょう。この2つを守れば、必ず労働時間を減らせます。テクノロジーが進歩して、労働生産性が上がれば、労働時間が短くなるのは自然な流れで、自明のことなのです。

LIFE HACK 12

クライアントや市場に貢献しない仕事はしない

　私はかつてマッキンゼーで経営コンサルタントをしていて、いろんな業種の会社をコンサルティングしました。驚いたのは、多くの会社が仕事としているうちの3分2ぐらいは、クライアントの価値につながらない仕事、あるいは市場に貢献しない仕事だったことです。する価値のある仕事は3分の1で、それ以外は不要な会議や書類作成、根回しなどの社内のための仕事ばかりで、中には、従業員が存在するからその人たちにさせる仕事を作らなくてはいけない、という謎の状況に陥っているところもありました。

　その傾向は、大企業ほど強まるかもしれません。もちろん全部ではなく一部ですが、大企業の商品やサービスが高くなりやすいのは、仕事の3分の2が社内のための仕事にお金が使われているから、と考えると合点がいきます。

　逆に、ベンチャー企業はそうした社内の仕事が生じないうちに成長するため、安くていい商品やサービスを作りやすく、付加価値がダイレクトにクライアントや消費者につながるのでしょう。もっとも、ベンチャーも組織の規模が大きくなるにつれて、社内のための仕事が増えて、従業員が存在するから仕事を作る、という状況に陥る可能性はあります。その結果、長時間労働から抜け出せなくなってしまうのですが……。

　一部の研究によると、**クライアントや市場のためになる仕事だけをすると、週に12〜15時間労働で済むと言われています。**今は、

週40時間（1日8時間×5日）ですよね。倍以上も無駄なことをしているこを、この数字が物語ります。

　組織の中で裁量権がある人は、クライアントや市場のためになる仕事かどうか、あるいは社会の未来や、未来を担う子どもたちにとってプラスになる仕事かどうか、という観点を持って仕事を見直してください。それができる立場になくて、長時間労働から解放されたい人は、転職や独立を考えることをおすすめします。

本当に求められる価値は何かを考える

　私が独立して良かったなと思うことの１つは、クライアントの価値にならない仕事や、市場に貢献しない仕事を一切やらなくて済むことです。

　例えば、私はYouTubeの動画配信に、必要以上の時間とお金をかけないようにしています。よく「１本５千円で動画編集を引き受けます」というDMがきますが、すべて無視しています。業者さんに編集してもらって、BGMやテロップを入れてもらうことが、視聴してくれる人たちにとっての価値につながるとも、市場に貢献しているとも思えないからです。それよりも自分でパパッと撮って、ササッとアップロードしたほうが、より多くの情報を提供できるため、よほど価値が上がると思います。私の動画を好んで見てくれる人たちは、画質よりも情報の質と量を求めているでしょうから。

　編集してもらうと、よく見るYouTube動画っぽくはなると思います。でも、それが視聴者や市場の価値につながるとは限りません。しかも編集してもらったら、仕上がりをチェックしなければならず、その分労働時間が長くなったら本末転倒です。だから私は、動画編集は頼む必要なしと判断しました。

LIFE HACK

13

バケーションしながら
ときどきワーク、
ワーケーションをしよう

　「**ワーケーション**」をご存知でしょうか。ワークとバケーションを組み合わせた造語で、バケーションを楽しみながら、ときどき仕事をすることです。同様の造語で、ビジネスとレジャーを組み合わせた「ブレジャー」は、主に出張先の滞在を延長してレジャーを楽しむことを意味します。

　いずれもリモートワークと心身の健康、そして生産性も両立できる働き方として、徐々に認知度を上げているので、すでにしたことがある人もいるでしょう。観光庁は「新たな旅のスタイル」として位置づけていて、普及活動を行っています。現に日本航空やユニリーバ・ジャパン、日本マイクロソフト、ランサーズ、JTBなど、導入・推進する企業も増えているようです。

　私も、去年のゴールデンウィークの後半に軽井沢で4泊したとき、昼間はゴルフをしたりバイクに乗って楽しんで、朝や夜はオンラインで取材を受けたり、執筆などの仕事をしました。

　仕事は仕事、遊びは遊びではなく、2つを融合させてどっちも楽しめる環境を作るのがポイントです。せっかくの遊びに仕事を持って行くなんて、と残念に思う人もいるかもしれませんが、実は仕事がいいスパイスになるのです。長めの休暇を取ってずっと遊んでいると、途中で飽きたり、面白さが半減した経験はありませんか？働き者の人ほど味わったことがあると思いますが、それを解消してくれるのが、ときどきする仕事です。特に、朝に一仕事終えてから

遊ぶのは格別です。

　仕事の形態によってはワーケーションができない人もいると思います。が、コロナ禍になって、それまでリモートではできないとされた仕事もできるようになりました。それを踏まえると、試行錯誤してみる価値はあると思います。

　私が好きなのは、**「温泉ワーケーション」**です。温泉に入った後に仕事をして、また温泉に入る、ということを繰り返します。温泉地では案外やることがなくて暇を持て余しがちですが、仕事があるとちょうどいい塩梅に間が持つのです。最近の温泉宿は、ちゃんとWi-Fiが飛んでいるので問題なく仕事ができます。

　これが新しい湯治のスタイルになり得るのではないかな、というのが私見です。湯治でなぜ病気が治るかという研究が様々されていますが、端的に言うと自己治癒力を高めるからです。私は最近、五十肩ならぬ「五十肘（別名テニス肘）」の症状が出ているので、それを少しでもよくしたいことも、温泉ワーケーションを好む理由の１つです。

　立派な温泉宿に泊まると食事が豪華すぎて、それにも飽きてしまいますよね。食事がついてない素泊まりのコースにするか、湯治食という質素な食事を出す宿を選ぶことをおすすめします。

都会で忙しく働いていると脳も体も衰えるいっぽうに

「自然が回復させる」「自然が治す」という意味の「ネイチャーフィックス」という言葉があって、人間は、緑豊かな自然に囲まれてないと、心身に支障をきたすことが科学的に証明されています。『NATURE FIX　自然が最高の脳をつくる』（フローレンス・ウィリアムズ著、NHK出版）という本に森林浴やハイキングなど、自然と触れ合うこ

とがいかに脳にいいかが詳しく書かれています。自然の風景を見ると脳波のα波が高まって、リラックス効果を得られるそうです。さらに、自然の中を散策すると、ストレスホルモンのコルチゾール値が16%減少して、血圧は1.9%、心拍数は4%減少するといいます。

　都会で忙しく暮らしているとストレスが溜まって、脳の働きも体力も衰えるいっぽうになりかねません。私も東京在住なので、意識的に自然と触れ合うようにしないとコンクリートに囲まれたままになり、動物としての感性が鈍ってしまうので、気をつけなければなりません。かといって遊んでばかりはいられないので、ワーケーションが最適解になるわけです。

　定期的に自然が豊かなところに出向いて、昼間は緑のシャワーを浴びながらリフレッシュし、朝と夜は仕事をする。**そうすれば、休みをとっても仕事が溜まることがなく、休み明けの激務も回避できます**。一年中、旅をしながら仕事をする生活も可能になります。

LIFE HACK 14

年を重ねるごとに市場価値が上がる仕事をしよう

　とても有名なデータですが、2015年に野村総合研究所がイギリスのオックスフォード大学と共同研究して、10年後、20年後、すなわち2025〜2035年には、日本の労働人口の49％がAIやロボットなどで代替することが技術的に可能になる、という推計結果を発表しました。アメリカの割合は日本とほぼ同じで47％、イギリスは35％です。

　その研究結果によると、単純労働や事務職などの特別な知識や技術が求められない職業に加えて、データ分析や秩序的および体系的な操作が求められる会計監査もAIで代替できる可能性が高いといいます。加えて私は、言語の翻訳や記憶などのいわゆる作業的な能力も間違いなく代替されると思っています。

　そうした代替されない仕事を選ぶことが100歳時代の働き方の基本と言えますが、年を重ねるごとに年齢が味方になるような仕事を選ぶのも重要です。

　例えば、寿司やそばは20代、30代の人より、60代や70代の職人が作っているほうが、なんとなくおいしそうに見えますよね。実際の味はそうとは限りませんが、世間一般に、年齢が上がっていくと有利になるという外部評価があります。それに見合うように腕を磨くと、自信がついて内部評価も上がります。その結果、年を重ねるほど自分の市場価値が上がるわけです。

　俳優さんやタレントさんには、超美形でスタイル抜群だけど若い

ときにしか人気がない人と、年を取れば取るほど円熟味が増して、仕事が切れない人の2タイプがいますよね。100歳時代に目指したいのは後者です。**ポイントは、その人にしかできない技量があって、属人性が高いことです。年を取ったら、若い人もできることでは勝負できません。**これは、どの業種にも言えることです。属人性を上げることで、年を重ねるほど収入は上がって、労働時間を短くしやすくなります。若い人がやると価値がある、という仕事も避けたほうが賢明です。

年齢が味方する働き方の答えは自分にしか出せない

　私は物書きをしていますが、物書きは書いたもので評価されるので、いわゆるルッキズムと言われる見かけによる差別や、年齢差別もありません。いくつになっても書けますし、それを販売することもできます。しかも経験は複利で増えていくので、歳を重ねるほどスキルがついて書くスピードが速くなっていきます。つまり、年齢が味方をする仕事です。ぜひ一度、自分の仕事は年齢が味方をしてくれるかどうかを考えてみてください。

　というと、考えてもわからないから、具体的に何をしたらいいかを教えてください、と言われるのですが、**人それぞれ才能や性格をはじめ、経験や考え方、見かけも違うので、他人に答えが出せることではありません。**年を重ねるほど、自分の市場価値が上がる働き方というのはどういうものか、という視点で、これまでのキャリアと、これからのキャリアを考えてみてください。5つ6つ考えが浮かぶうちに、これじゃないか、と絞り込んでくると思います。

労働時間に比例しない
収入を1円でも作ろう

　100歳時代の働き方として、労働時間に比例しない収入をできるだけ早い段階で作ることが重要課題の1つです。

　労働時間比例収入は定額報酬とも言い、一番わかりやすいのは時給や日給で働く仕事です。月給で働く会社員は、正社員も契約社員も関係なく、1日○時間以上働くことが雇用契約に含まれていることから、労働時間比例収入になります。こうした仕事でたくさん稼ごうと思ったら、長時間労働するしかありません。しかし、体力も気力も年々落ちていきます。その結果、中高年、あるいは高齢者になったときにお金に困るようになってしまうのです。

　いっぽう、労働時間に比例しない収入は成果報酬とも言い、身近な具体例はYouTubeやブログ、noteなどによるコンテンツ収入です。かつて、コンテンツはテレビや出版社などのメディアのほか、ミュージシャンや画家、小説家などのプロフェッショナルが作る限られたものでしたが、上記のプラットフォームが出現したことで、一般の人も自由にコンテンツを発信できるようになりました。

　同時に、人々の趣向が多様化しているため、人気コンテンツはエンタメ系や情報系、趣味、ノウハウだけではなく、OLやサラリーマンの日常、推し活、ダイエット、闘病生活など、本当に多種多様です。**つまり特別なスキルがなくても、多くの人のニーズに応えることができれば、多くの人に見てもらえて、多くのコンテンツ収入を得られる可能性があるわけです。**

　金融商品によるキャピタルゲインや配当収入も、労働時間に比例しない収入です。どの金融商品をいつ、どのぐらい買うか、というのは自分が考えて決めることですが、労働しているわけではありません。

　本の原稿料や印税も、労働時間に比例しない収入です。私の場合、1冊を書くのに1ヵ月ぐらいかかるのですが、売れない本は5000部程度しか売れません。売れる本は10万部、20万部と売れます。書くのに費やすのは同じ1ヵ月なのに、5000部売れた本と20万部売れた本では、40倍も収入が変わります。すなわち、労働時間に比例していません。

失敗から学んでスキルを積み上げる

　私は今現在、時給や日給で働く仕事は1つもしていません。より正確に言うと、そういう仕事についてはどうしても断りきれない場合以外は原則すべて断っています。昔は講演を2時間したり、テレビに1時間出ていくら貰う、という仕事をしていましたが、そういう仕事を続けても未来がない気がしてやめました。

　本もYouTubeも当たらないときもありますが、**その失敗から学んでスキルを積み上げることができます**。それで新たに作ったものが当たったら、何十万、何百万円と儲かる可能性を秘めています。そうした可能性に労力をかけたたほうが、労働時間に比例しない収入の増加につながって、未来があると思っています。

　労働時間に比例しない収入が増えると、短労働時間を実現しやすくなるのもメリットです。余った時間は自己投資に使って、さらに労働時間に比例しない収入を増やすために使えます。

定額報酬型から 成果報酬型へ。 段階的に切り替えよう

　自分の収入体系を定額報酬型から成果報酬型に切り替えよう、という話をすると必ず、成果報酬型は能力が高い人にしかできなくて、一般的な会社員には無理です、といったことを言われます。

　そう思って何も行動しない人には、確かに無理でしょう。厳しいことを言いましたが、何事も考えて行動しない限り、理想を手にすることはできません。はなから不可能だと道を閉ざしてしまうのではなく、**どの方向に進めば成果報酬型に移行できて、かつ十分な収入を得られるか**、ということを検討してください。

　心理的安定性という点において、定額報酬型は魅力でしょう。長時間労働で、報酬額があまり高くなくても、定期的に収入を得られるからです。そこに魅力を感じて、定額報酬型のままのほうがいいと考える人が多いと思いますが、その考え方は一昔、いや二昔ぐらい古いかもしれません。

　終身雇用制度が神話化して久しく、実力主義の考え方が広まると同時に、早期退職者や起業・独立する人も増えました。会社員でも、副業や兼業をすることが社会的に認知されて、リモートワークにワーケーションなど、現在進行形で働き方は多様化しています。こうした変化は今後ますます進むことが予想でき、現状維持することのリスクは高まるばかりです。

　もっとも、大学卒業した後すぐからいきなり成果報酬型を享受できるのは、それこそ能力が高い限られた人だけです。大半の人は、

最初のうちは月給などの定額報酬型で働いて、段階的に成果報酬型を目指します。基本給は定額でも、ボーナスは成果報酬型という会社もありますよね。私が30代のときに勤めていた会社がそうで、その時の経験をきっかけにして成果報酬型に移行していきました。

まずはボーナスだけ成果報酬型にする

私が成果報酬型に移行し始めたのは経営コンサルタント時代からで、少しずつ成果報酬型のボーナスが増えていき、その後証券アナリストになったときは、成果報酬型のボーナスが月給の3倍ぐらいになっていました。

もし今転職を考えているなら、成果報酬型のボーナスがある会社を選ぶことをおすすめします。独立を考えている人の場合、最初のうちは会社員時代よりも長時間労働になることを覚悟しましょう。

私も独立したてのころはそうでした。徐々に成果が現れて顧客がつき出すにつれて、1日12時間労働が10時間になり、8時間、6時間、4時間と減っていき、今や3時間以上働かなくても済むように。同じ成果報酬型でも、短時間労働でより効率的に稼げるようになります。

今は転職も独立も考えていない人も、何ヵ年計画を立てて、移行を実現していきましょう。年齢がまだ若ければ下積みとして割り切って一定期間、定額報酬で働くのも一案ですが、3年以内には成果報酬型にシフトする、という期限付きの決意をしてください。日本では、「石の上にも三年」のようなことわざを用いて、1つのことを長く続けないのは根性なしのような言われ方をしますが、残念ながら人生は短いので聞く耳を持つ必要はありません。**下積みも3年をリミットにするのが賢明です。**

専業主婦こそ起業向き。
時間をかけて
収入を倍々で増やす

　最近、YouTubeの視聴者さんなどから、専業主婦から社会復帰して収入を取り戻すにはどうしたらいいですか？　という質問をよく受けます。なぜこの手の質問が増えているのかというと、夫が上場企業勤務でも給料が上がらないのに物価は上昇し、リストラや子会社に飛ばされて給料が3割カットになる不安もあるからだと思います。

　加えて、子どもの学費も上がっています。国公立の大学でも、安くて年間60万〜70万円かかります。下宿でもしようものなら、さらにお金がかかります。例えば夫の年収が1千万円あったとして、月々の手取りは40万〜50万円。子どもは1人の3人家族で車を所有し、家賃やローンを払いながら学費や下宿代も払うとなると、カツカツになってしまって、将来の蓄えに回す分が残りません。それどころかお金が足りなくて、貯金を切り崩して生活費にあてている人も少なくないでしょう。

　そうした状況が続けば不安になって当然です。改善するにはどうしたらいいのかというと、月々3000円でも5000円でもいいので、ちょっとずつ増やしていくことをおすすめします。

　多くの人が、3000円や5000円のために労力を使うなんて馬鹿らしいと考えがちですが、**YouTubeやブログなどを始めてコンテンツ収入を得るようにしたり、使ってないものをフリマサイトで売ったり、手作りのものを販売サイトで売ったりすべきです**。最初は手探り状態ですから、満足いく稼ぎを得られるまでに時間はかかるで

しょう。しかし、専業主婦で収入を倍々で増やすことに成功している人はたくさんいます。時間をかけられることが、専業主婦の強みで、ほかの人にはない有利な点です。実際、私のまわりでも、コンテンツ収入や物品販売だけでなく、出張ネイルや出張紅茶販売などで稼いでいる人たちがいます。

夢物語と思っているうちは実現できない

　専業主婦は、基本的に夫の収入で生活費をまかなっています。すなわち、経済基盤がしっかりしているということ。その分リスクを取れるため、専業主婦こそ起業に向いているのです。

　今すぐ収入を得ないと生活が立ち行かなくなる、というわけではないはずですから、時給いくらの仕事ではなくて、将来的に収入が倍々で増えるものを始めてみてください。現在の最低賃金の全国平均は1000円弱なので、5000円を稼ぐには5時間強働くことが一番簡単ですが、それでは時間の切り売りになって、家事や子育てに手が回らなくなったり、夫婦のいさかいが増えたりしかねません。家族と家計のために働き始めたのに、身も蓋もありません。

　最初のうちは3000円にも満たず、1000円や2000円かもしれません。**2〜3年、あるいは4〜5年かけて満足いく収入を得られるようになればいい、というスタンスで始めてください**。続けるうちに4000円、8000円、1万6000円と倍々で増えて、いずれ10万、20万を超えていくと思います。

　そんな夢物語のようなことがあるわけない、と思っているうちはできません。とりあえず、フリマサイトや販売サイトで何か売ってみてください。売れたら小躍りするほど嬉しくて、その成功体験からより効率的に稼ぐ方法を考え始めるものなのです。

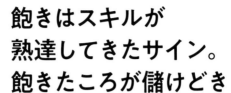

飽きはスキルが
熟達してきたサイン。
飽きたころが儲けどき

　人間は、とにかく新しいことが大好きです。新奇探索性と言って、新しいことをするにはリスクが伴うはずなのに、そのリスクには目もくれず、ワクワク、ドキドキしたくて新しいことにチャレンジするわけです。

　きっと、脳内では報酬系ホルモンと言われるドーパミンが分泌しているでしょう。だから、新しいことは楽しくて仕方ないのですが、出来映えははっきり言ってよくありません。経験が足りていないから当たり前です。やっていて楽しいのは、スキルを獲得中のサインという言い方もできるでしょう。

　それに対して、**何十年としていて、飽きを感じ始めたことは、熟達して十分スキルが溜まってきたサイン**です。特に意気込むことなく、鼻歌を歌いながらしてもいい出来映えに仕上げられるため、している本人は特に楽しくないでしょう。が、しかし、そのスキルを求める人たちにとっての価値が上がるため、飽きたころが儲けどきになるのです。

　私の場合、文章を書くのも人前で話をするのも約30年しているので、特にワクワクやドキドキはなく、していて楽しい！　ということではありません。逆に、していて楽しいのはゴルフです。42歳で始めて12年が経ち、ラウンドに出る頻度は週に1〜2回で、練習は週に1回という感じです。生活の3割ぐらいをゴルフが占めていますが、私がプレイしているところを動画にしたり、ゴルフの楽

しさを文章にしても、誰もお金を払ってくれません。なぜなら、下手だからです。到底、儲けることはできません。

熟達とチャレンジのバランスをうまく取る

　儲けられるのは飽きてからですが、ただ、飽きている仕事だけをしていても成長がありません。並行して、新しいチャレンジもすることをおすすめします。**飽きているけど儲けられる仕事のシェア率が7〜8割だとしたら、2〜3割は新しいチャレンジをしましょう。**そうすると相乗効果が生まれて、停滞せずに成長し続けられると思います。

　新しいチャレンジも続けるうちに熟達してきたら、飽きが生じるでしょう。そうしたら、また新しいことにチャレンジする、と。そういう循環で、熟達したものと、新しい未熟なものの組み合わせで営むと、いくつになっても働きがいを感じられるはずです。

　もっとも、飽きるほど熟達したものは、もうスキルを磨かなくてもいいかといったら違います。そのレベルで終わりにしてはいけません。今のレベルから、さらにどういう上乗せができるかを追求してください。その結果、ほかの人が追いつけない匠の域に達すると無双で、さらに儲けられるようになります。

　人によっては、飽きたことはやめて、新しいことに集中したい人もいるかもしれませんが、儲けどきを逃すことになってもったいないと思います。**飽きはやめるタイミングではなく、並行して新しいチャレンジを始めるタイミングと心得ましょう。**熟達とチャレンジのバランスをうまく取ることが、成長を止めないカギになります。

努力しなくても
成果が出るほうに
進むのが正解

　キャリア形成をするときに大事なことは、努力や苦労をしなくても成果が出ることをする、というこの一点だけです。私たちは生まれつき、性格や体格、能力など、人それぞれ違っています。加えて、積み重ねる経験も違います。そうすると、キャリア形成のスタートラインも実は全然違うところにあるわけです。

「象のレース編み」というたとえをご存知でしょうか？　象がものすごい努力をしてレース編みをしても、象には悪いですが、たいしたものは作れません。けれども、長い鼻を使って丸太運びのような運搬作業をしたら、象の右に出る動物はいません。このたとえのように、努力や苦労をしても大して成果が上がらないことをするのではなく、また、努力や苦労を成果としてアピールするのでもなく、**初めからすんなりと成果が表れることに特化して、そこでキャリアを積んでいく**、というのがキャリア形成の基本的な考え方になります。

　ただ悩ましいのは、努力も苦労もなしにできることを、本人が自分の強みとして認識しづらいことです。あまりに当たり前のこととしてやっているため、それが仕事になるとは思いつかないのです。大学を卒業する時点で見つかれば最高ですが、そういう人はまれでしょう。

　ただ、文系か理系か、チームプレイが得意か、単独プレイが得意か、人前に出るのが好きか否かなどの、大まかな方向性は把握できます。その方向に進んでいろんな経験をすることで、もっとも自分

に向いていて、かつ、もっとも成果を出しやすいことがわかってくるのだと思います。

向き・不向きは経験して気づくもの

　私がマッキンゼーで経営コンサルタントをしていたとき、住宅分野や教育分野を担当したことがあったのですが、本当に役立たずでした。なんとか普通にはやっていたものの、特に住宅や教育についての知見が豊富だったわけではなかったからです。

　それがハイテク分野に配属されたら、初日から超優秀と褒められて、え？　この程度で超優秀なの？　と拍子抜けしました。なぜそうなったかというと、私の親は電化製品の下請け工場をやっていて、私は電化製品に囲まれて育ったようなものだったからです。AV機器もコンピューターも、小さいころから慣れ親しんでいました。つまり、知らず知らずのうちにメカニックやテクノロジーに関する知識を蓄えていたのです。

　ただ、それが自分の強みになるとはまったく思っていなかったので、得意分野としてアピールすることはありませんでした。たまたまハイテク分野に配属されたことで、強みになることに気づいたわけです。とにかく勘が働いて、取引先やクライアントと話していても、相手が言わんとすることをすぐ察知でき、話が通じやすい、と喜ばれました。ある意味、私が住宅分野や教育分野で頑張っても出せなかった価値を、ハイテク分野に異動した途端に、水を得た魚のごとく出せて、とんとん拍子に出世できました。

　このように、大まかな方向性は把握できても、細かな向き・不向きはやってみないとわからないものです。やってみてたまたまうまくいったら、それがもうある意味私たちのキャリアであって、もが

き苦しんで形成するのがキャリアではないと思うのです。**周囲が高く評価して認めてくれることも、向いていることの1つです。**

向いていることになるべく特化する

もがき苦しみながらラクに結果を出せる、ということはあり得ません。私の場合、トレーダーの仕事ではもがきましたが、いい成績を上げられませんでした。テレビタレントとしても活躍できませんでした。いずれも、向いていないのです。**向いていないことを一生懸命やってもしょうがないので、向いていることになるべく特化して、自分の時間を使ったほうが建設的です。**無駄に自尊心を傷つけられることもなく、精神衛生も良好に保ちながらキャリアアップできます。

私はゴルフが好きで、ゴルフ歴は12年になりますが、ゴルフをすればするほど痛感するのが、私は本当にゴルフに向いていない、ということです。クラブを振り上げたとき、ボールに当てる自信が100%ないのです。子どものころの体育の成績は、いつも5段階中3でしたから、運動のセンスがイマイチなのでしょう。間違って、プロゴルファーを目指さなくてよかったです（笑）。

それに引き換え、小さいころから数字に強くて、書くことと話すことは、誰に教わるまでもなく得意でした。それらすべて、今の仕事につながっていることを考えると、やはり苦にならずにできることがキャリアになるのだと思います。YouTubeの動画撮影も、最初から台本はなく、頭に浮かんだことをカメラに向かって話しています。もし台本がないと話せないタイプだったら、台本を書く手間もかかって、配信ペースはかなり落ちたでしょう。手間がかかりすぎて嫌になり、やめていたかもしれません。

3つの円が重なる
ところを探せば
楽しく収入アップできる

　小学校のときに習ったベン図を覚えていますか？　2つか3つの円を重ねる図で、それぞれの円で表す項目の類似点と相違点が視覚的にわかる図です。**楽しく収入アップを目指したいなら、①好きなこと、②得意なこと、③市場の供給が足りてないことの3つの円が重なるところを探してください。**

　①の好きなことは、続けるための最低条件です。人は結局、好きなことしか続けられません。長く続けていれば、好きと実感する回数も減るものですが、そこまで続けられるのは、好きな証拠だと言えます。

　②の得意なことというのは、実は結構難しい条件です。なぜなら、得意というのは市場競争に勝つという意味で、多くの人に認めてもらえるレベルでないといけないからです。どんなに音楽や運動が得意でも、プロになれる人はほんの一握りですよね。おそらく1万〜2万人に1人のずば抜けた才能がないとなれないでしょう。

　言語能力や数値能力であれば、100人に1人ぐらいの才能でプロになれると思います。多くの人が、5人いたらその中で自分が一番上ということはあると思いますが、5人が10人、10人が20人と増えても一番上なことを探しましょう。できれば100人中1番と言えることだと、市場競争に勝つ上でかなり優位になります。

　そして、もっとも大事なことは、③市場の供給が足りてないことです。言い換えると、儲けられることになります。市場の需要があっ

ても、供給過多だったら儲けられません。需要があるのに供給不足だから儲けられるわけです。好きで得意なことをしているのに儲からないというのは何かというと、ほかにもやっている人が山のようにいて、供給過多になっているからです。

例えば、個人経営のカフェが典型例です。チェーン店は儲かっていても、個人経営のカフェの多くは儲かっていません。なぜかというと、おいしいコーヒーを淹れるのが好きで得意な人はたくさんいるけれど、お金をだしてコーヒーを飲みたい人がそこまで多くないからです。

好きなこと、得意なこと、市場の供給が足りていないこと、という3つの円が重なるところを見つけるのは容易ではありません。多くの人が社会人になって、5年、10年、15年と、キャリア形成をしていく中で探し当てるものだと思います。

好きで儲けることができても、得意でないと続かない

私は大学卒業後、会計士になりました。小さいころから数字が得意なので、会計士の仕事も得意でした。問題は、仕事内容がそんなに好きになれなかったことと、ものすごく儲かるわけではなかったことです。資格商売なので供給が限られているため需要はそこそこありましたが、給料は安くはないものの、飛び抜けて高くはありませんでした。

次に、システムコンサルティングの仕事に就きました。システム関係はもともと得意で、仕事内容も大好きでした。が、問題は供給が多くて競争が激しく、儲けやすさという意味では微妙で……。ITバブルが崩壊したのをきっかけに所属部署がなくなってしまったので、トレーダーの仕事に変わりました。

　トレーダーの仕事は好きでした。好きで儲けることもできましたが、そんなに得意ではありませんでした。つまり、多くの人に認めてもらえるレベルではありませんでした。自分でも、歴代やってきた仕事の中で、すごく成績が悪いものの1つがトレーダーで、平均以下のトレーダーだと自覚しています。好きで儲けることができても、成績が悪いとモチベーションを維持するのが難しく、3年ぐらいで辞めてしまいました。

　その後なったのが経営コンサルタントで、3つの条件のうち外れるものはありませんでした。が、ものすごく好きかというと微妙で、黄色信号でした。次になった証券アナリストのほうが好きで、3つの条件を満たしていたと思います。それ以上に、多くを満たしているのが今現在の仕事というわけです。

　思うに、好きで得意で市場の供給が足りてないことを探すのは、いわゆる天職を探す作業なのかもしれません。 急がず、慌てず、3つの条件を念頭に置いて働いていれば、自ずと見つかって、その結果、収入アップできると思います。

「いいものは高くても売れる」は嘘。儲けの構造を正しく知る

　前述した通り、儲けるということは、需要が多いわりに供給が少ないことを意味します。新しいイノベーションによって新技術や新商品が誕生し、それが新たな需要を生む場合も、一気に供給できるようになるので儲けられます。

　いわゆる「ブルーオーシャン」と言われる市場では、2匹目のどじょうを狙って供給するところが増えるため、徐々に需給が満たされていきます。そのうち、需給のバランスが逆転して供給過多になると、「レッドオーシャン」になって儲けにくくなる、と。経済というのはずっと、この繰り返しです。言われてみれば、確かにその通りだ、とイメージがつくでしょう。

　ただ、多くの人が勘違いしていることが1つあります。それは、いいものは高くても売れる、ということです。儲けを出す上で、「いいもの」は何かというと、コストパフォーマンスがいいものを指します。どんなに質がいいものでも、値段が高ければ需要は増えず、儲けられません。質がいいものを今までよりも安く作れて、より安い価格で売ることができた人が儲けられます。需給のバランスは価格軸に左右される側面もあるので、いいものは高くても売れる、というのは事実ではないのです。

　ここで考えてほしいのは、**今関わっている仕事の需給のバランスやコスパの良し悪し**です。儲けをかけた勝負は、この2つの良し悪しでほぼ決まります。繰り返しになりますが、レッドオーシャンで

は値段を安くしても思うように儲けられませんし、ブルーオーシャンでも高ければ儲かりません。その状況は時間の経過とともに変わるので、この先どうなるかも予測してみてください。

世の中の「儲けの構造」は決まっている

　私は安い美容院から高い美容院までいろいろ利用したことがあって、高いところだと1回4万円、5万円するお店に行ったことがあります。期間をあけて数回通った結果気づいたのは、客層がだんだん年老いて客足が減っていく、ということでした。

　美容院は基本的に気に入ったところをリピートする確率が高く、5年10年、同じところに通う人も少なくありません。だから客単価4万、5万のお店も簡単には潰れないわけですが、新しい美容院は同レベルかそれ以上の技術を3割安か、下手したら半額の2万円台で提供しています。立地や研修制度を変えるなどの企業努力で値段を下げ、そして2万円の美容院が増えると、今度は1万8千円のお店が出てきます。そうして**常に、より安くてより良いものが現れて、人がどんどん流れていく**のです。

　これが儲けの構造で、儲けるためにはこの構造を無視することはできません。ぜひ、好きで得意という段階で止まらずに、いかに儲ける構造に変えていくか、ということを考えてください。自分で変えられないなら、儲けの構造を作っているチームにどうやったら参加できるか、と考え続けましょう。

　そのためには鵜の目鷹の目で市場を見ることと、自己研鑽が不可欠です。1日7〜8時間も働いている暇はないのです。**仕事は2〜3時間で終わらせて、残りの4〜5時間は情報収集や資格取得などの勉強にあてるのが賢明です。**

LIFE HACK 22

「脱・完璧主義」をして
仕事ができる人になる

　喫煙が体に悪いということは有名ですが、それと同じかそれ以上に、私は**完璧主義も体に悪い**と思っています。周囲に指摘されることや失敗を恐れるあまり、神経をすり減らしてストレスを溜めがちだからです。やり方によっては、上手に手を抜くことができ、効率よく行えるようになることがたくさんあるはずです。

　以前、あるところから講演を頼まれたときのこと。事前に、ものすごく長いスプレッドシートが届いて何かと思ったら、使っているパソコンのWindowsのバージョンはいくつですか？　休憩室に必要なものはお茶とコーヒーのどちらがいいですか？　お菓子は必要ですか？　お迎えは何時何分にどこに行けばいいですか？　という感じで質問が羅列されていて、それに全部答えるように要求されたことがありました。

　やれやれと思いながらちゃんと答えて、私が知りたいことを質問したのですが、なかなか教えてくれませんでした。私が知りたかったのは、お客さんは何人くらい集まる予定か、男女比はどのくらいか、話す時間は何分くらいあって、質疑応答の時間は何分くらいとったほうがいいか、というコンテンツ寄りのことで、講演では一番肝心なことのはずなのですが。

　細かな確認事項が多い人ほど、重要なことが抜け落ちやすい印象です。それは完璧とは言わないのでは？　と疑問に思うかもしれませんが、完璧と完璧主義は別です。完璧主義の人は、細かいことま

で手を抜かずにやろうとするあまり、重要なことをする余力が残らなくなって抜け落ちてしまうのでしょう。

完璧主義に陥ってしまう原因は？

どんなに完璧を求めても、世の中に完璧という状態は存在しません。そうとわかっていても、どうしても完璧主義を通さずにいられないという人は、**経験や実力が不足しているか、どんなことにも一定確率でトラブルや失敗があることを認めることができない**からだと思います。

たっぷりと経験と実力がある分野において、私たちは絶対完璧主義になりません。求められる水準よりも経験と実力が上であり、難なく実行できるからです。逆に、求められる水準に対して経験や実力が低い、あるいは同じぐらいだと、できる限りのことをしようと思って完璧主義になってしまいます。また、トラブルや失敗が起きることを認められないと、過度に恐れて、怒られないように、怒られないように、と不必要なことに時間を使うことになるため、完璧主義になってしまうのです。

YouTubeなどのSNSも、始めたばかりの人は目いっぱい編集して、何回も何回もやり直して完璧にしてからアップしようとしがちですよね。気持ちはよくわかりますが、残念ながらそうやって世に出しても、苦労したところは目に留めてもらえないものです。見る人たちが何を求めているかというと、画像編集や文章の「てにをは」の完璧さではなく、自分が見たいこと、知りたいことがコンパクトにまとまっていてわかりやすい、ということだからです。

読書に関しても、この本ではこのことについて知りたい、というポイントが明確ならば、ここは読むけど、ここは読み飛ばしていい

という読み方ができます。読書量が多い人は、たいていそういう読み方をします。ポイントが明確でないと、隅々まで読むことになって時間がかかってしまうのです。

　完璧主義を別の言い方をすると、優先順位をつけるのが苦手、あるいは、力を入れるところと抜いていいところのメリハリをつけるのが下手、ということができるでしょう。失敗しないように、ていねいに準備する姿勢は重要ですが、**優先順位をつけて重要度が高いところから押さえるほうがより大切**です。すると、全体を見渡しやすくなって、この工程はきっちりやらなきゃいけないけど、ここの部分はだいたいでよさそう、ということを見抜けるようになって効率がよくなります。

　そうしたメリハリがつくと余力が残るため、不測の事態に対応しやすくなるのもメリット。この意味においても、完璧主義に陥らないようにすべきでしょう。ほかの人が見落としている点や、こうしたほうがよりよくなるのではないか、という新しい視点に気づくのも、余裕がなければできません。それができる人を、世間では「仕事ができる人」と言います。

　脱・完璧主義を図るには、まずは自分の得意分野から始めてください。かりにトラブルや失敗があっても、リカバーしやすいから安心です。そして試してみた後は、必ずどうなったかを確認してください。確認することでこのやり方でいいんだ、という自信が増して、脱・完璧主義に移行しやすくなると思います。

　もし失敗したらどうしよう、という不安がよぎったら、どんなことでも一定確率で何かトラブルや失敗が起こるのですから、起きた後で対処すればいい、と自分に言い聞かせてください。トラブルや失敗をすべて未然に防ぐことは不可能です。後で対処するものなのです。

2

健康戦略ハック！
お金よりも健康が大事

健康上の「長生きリスク」を解決して、死ぬまで幸せに生きる

　私たちは、望むと望まざるとにかかわらず、医療技術の発達や衛生状況の改善などによって長生きを"してしまう"時代に生きています。これを読んでいる人のほとんどが、90歳前後か100歳近く、ひょっとしたら100歳以上長生きする可能性が高いでしょう。

　ところが年金制度や定年制度など、世の中のあらゆることが従来の80代で死ぬことを前提にしたままなので、その後の10年、20年の暮らしぶりが想像できず空白になっています。だから不安がふくらんで、長生きすることがリスクに感じてしまうのです。

　解決すべき問題は大きく分けて、**お金、健康、人付き合い**になると思います。この3つを、私は**「長生きリスク」**と言っていますが、今すぐ簡単にできて、もっとも重要なのは健康です。

　健康管理については拙著で何度も書いていますが、高価なサプリメントを飲んだり、特別な食事や運動をする必要はありません。私たちの体のあらゆる機能は、20代半ばを境にして衰えますが、そのスピードはあくまでも緩やかなので、劇的な効果があるものは必要ないのです。自発的に無理なくできること、すなわち、よく動く、ちゃんと栄養を摂る、しっかり寝る、という基本的なことを続けるほうが、適切なアンチエイジングと言えるでしょう。

　もちろん、老化は避けられません。私は今、54歳なので、100歳までに46年生きなくてはいけないわけですが、悲しいことに手の指や肘、膝などの関節が痛いとか、顔にシワが出てきたなど、いろ

んな老化現象が出てきています。ただ、アンチエイジングについての研究も進んでいて、老化を遅らせる方法が明らかになってきています。それらにアンテナを立てて、エビデンスに基づくものでこれはよさそうだな、というものは試すようにしています。例えば、1時間以上座りっぱなしにならないようにする、急激に血糖値を上げる白米や白い砂糖などを控える、睡眠の質を上げる工夫をするなど。これらはすべて、老化を遅らせるためにしていることです。

若い世代との付き合いは脳の活性化に役立つ

　長生きリスクのお金の問題は、Chapter3で詳しく解説するドルコスト平均法による投資信託の積み立てで解決できます。人付き合いの問題についてはChapter4で解説しますが、同世代だけではなく、自分より若い世代ともつながることが健康面でプラスになります。**理想は10歳、20歳、30歳下の人たちともつながること**。彼らに年寄りと思われないように、世の中の流行やニュースにアンテナを張っておくことが、脳の活性化に役立ちます。特に、前頭葉の働きが衰えると考え方が古くなると言われますが、その予防にもつながります。

　同世代か自分より上の人との付き合いだけだと、自分が高齢になったときに友達の数が減ってしまう可能性がありますよね。そうなると寂しさから老け込む恐れがあるので、それを避けるためにも、今のうちから若い世代とつながっておくことをおすすめします。

　自分が90歳や100歳まで、元気に過ごすことを前提にして、今の年齢から何をしておくべきか、予防や管理しておくべきことは何か、ということを考えて実行すると長生きリスクを排除でき、40年後、50年後も、今の幸せを継続できると思います。

LIFE HACK 24

人生最大の財産は
お金ではなく体力

　高齢者になったときに、お金はたくさんあるけど体力がまったくない高齢者と、お金は普通にあるだけだけど、体力がめちゃくちゃある高齢者と、どっちがいいと思いますか？　考えるまでもなく、後者のほうが断然いいですよね。どんなにお金があったとしても、体力がなくて病気がちだと治療代などですぐになくなってしまいますし、旅行や食事などを楽しむことができません。

　もちろん、お金がなさすぎるのはよくありません。ないことを気に病んで、体力を蝕んでしまうからです。ただ、お金というのは自分がしたいことをするため、欲しいものを手にするためにあるものなので、ある意味人生の脇役です。お金がない場合というのは年金や生活保護を含めて公的補助がありますが、体力を補助してくれる人は誰もいません。主役は自分で、その自分を支えるのが体力です。体力こそ大きな財産で、**体力を十分に維持するには、どのような生活習慣を持って、どのような考え方をするといいか、ということを意識して暮らすことをおすすめします。**

　体力というと、筋力や持久力などの肉体的な力を思い浮かべますが、それだけではありません。実は行動力も体力の1つです。やりたいことがあっても体力がなければ実行できない、あるいは、実行するまでに時間がかかりますよね。免疫力も体力の1つで、体力がある人ほどウイルスや病原菌に感染しにくくなります。さらに、いろんなことに関心を持って、物事を多角的に考える思考力も体力の

１つです。こうして考えると、体力とは、すなわち「生きる力」なんですよね。

　思考力も体力の１つというのは意外かもしれませんが、私たちの思考は体で感じる五感を使って行っているため、体力の有無が影響します。例えば、絵画や映画も視覚で捉えて初めて、いろんな思考を巡らせますよね。同様に、音楽は耳で聴くことで、香りは鼻でかぐことで、食事は舌で味わうことで、感触は肌で触れることで、過去の記憶をよみがえらせたり、新しいことを発想したりします。つまり、体力があって五感を鋭い状態に保てていると、思考力も豊かになるということ。逆も然りで、体力がなくて五感が鈍ると、思考力も衰えてしまうのです。

運動嫌いな人はとにかく寝よう

　体力作りは筋力や持久力を維持するためだけではなく、行動力や思考力の維持のためにも必要なんだ、と思うと新たなモチベーションになって、取り組み方が変わると思います。運動が苦手で運動習慣が続かなかった人も、少しは続けやすくなるでしょうか。それでも三日坊主で終わってしまったら、**食事と睡眠の質を上げることをおすすめします。**

　食事と睡眠も、体力作りに欠かせない要素です。より簡単にできるのは睡眠ですよね。しっかり睡眠を取るメリットは、成長ホルモンが集中的に分泌されることです。熟睡するほど分泌量が増えると言われ、全身の組織の修復が促されます。

　以前はよく、夜10時から深夜2時までが、成長ホルモンが多く分泌されるゴールデンタイムと言われましたが、最近の研究によると時間帯は関係なく、「睡眠の最初の熟睡時」にたくさん分泌される

ことがわかっています。時間帯は関係ないとはいえ、明け方に寝て昼に起きるような生活では、自律神経のリズムが乱れて体調を崩しやすくなります。

　起床時間から、睡眠時間として確保したい7～8時間をマイナスした時間に寝ることをおすすめします。となると、たいていの人は6～8時の間に起床するでしょうから、やはり夜は10～12時に寝ることになると思います。私もそのパターンです。ゴルフに行くときは5時起きになるので、早く起きる分、寝る時間も早めて9時に寝ています。

成功するかしないかの差は体力差

　体力をつけると、先延ばし癖が直ります。あれをしよう、これをしようと思うものの、億劫になってしない、というのは体力不足が原因です。体力があれば、何かしようと思ったらチャチャッと行動に移せるものです。仕事の場合、先延ばしにしない人は業績を上げて成功する可能性が高くなることから、成功するかしないかの差は、体力差も影響している気がしてなりません。

　私の知り合いのIPO（新規株式公開）した企業のトップなど、トライアスロンをしている人が結構多いのですが、仕事で分刻みのスケジュールをこなしているのに、その上ハードなトレーニングもしていて、体力が有り余っているとしか思えないほどです。トライアスロンはしていなくても、トップの人は何かしらの運動習慣を持っていることが多いので、やはり体力は成功要因なのでしょう。これまでに、体力がなくて成功している人には、お目にかかったことはありません。

日常生活の質を上げることが老化予防になる

　私の母は、2020年4月に89歳で大腸ガンのため他界しました。その数年前から母の具合が悪くなって、大学病院をはじめいくつかの病院で診てもらったところ、多くの医師から**「年齢そのものが基礎疾患です」**と言われました。

　私はすぐにその意味を理解できなくて、ハーバード大学医学大学院の遺伝学教授で、長寿研究の第一人者が書いた『LIFESPAN（ライフスパン）老いなき世界』（デビッド・A・シンクレア、マシュー・D・ラプラント著、東洋経済新報社）などを読んだり、いろいろ調べて、「年齢そのものが基礎疾患とは、老化はゆっくりと進む慢性病の一種」と理解するといいのだろう、という結論に至りました。

　デンマークの哲学者のキェルケゴールは「死に至る病は絶望である」と説きましたが、老化こそ「死に至る病」なんですよね。私たちは生まれたときからちょっとずつ老化していって、80代や90代、100歳代で亡くなります。生まれてきて死なない人は、この世に1人もいません。

　『LIFESPAN』には、老化の止め方、すなわち老化の治療法について、最先端の研究データをもとに示されていて、高齢者になっても若い体と心のまま生きられる世界がすぐそこまで迫ってきていると説いています。つまり、年を取るということと老化をするということはイコールでなくなる、ということ。細胞レベルや遺伝子レベルでの研究が進んでいて、もしかしたら私たちは、いずれ寿命と一緒

に、若くて元気でいられる期間も延ばすことができるのかもしれません。ただ、今のところはその画期的な方法は見つかってないので、様々なアンチエイジングを試みて、老化を少しでも遅らせることが、若くて元気でいられる期間を延ばす最善策になるわけです。

特別なことをするのがアンチエイジングではない

体力作りをする上で、睡眠がもっとも簡単にできることだと前述しましたが、睡眠はもっとも簡単な老化予防法でもあります。あと、簡単にできる老化予防法といったら呼吸です。4秒吸って8秒かけて吐く、といったゆっくりとした呼吸をすると自律神経が整うので、体調を崩しにくくなって心身を若く保ちやすくなります。ストレスも緩和できるので、私はスマホに呼吸法のアプリを入れていて、隙間時間によくやっています。

アンチエイジングというと、高価なサプリメントや美容施術、エステ、マッサージをイメージすると思いますが、それらは真の老化予防にはなっていないんですよね。肌をピカピカにしたり、シワを伸ばしても、内面は若返っていないからです。

高いお金を出せば特効薬的な効果を得られると思いがちですが、この世に特効薬はありません。老化は「ゆっくりと進む慢性病の一種」ですから、日常生活の質を上げることが真の老化予防になります。特別なことでも難しいことでもありません。だからつい、おろそかにしてしまうわけですが……。もちろん、たまにサボってもいい日を設けるのはOKです。ただそういう日ばかりになると、老化という慢性病が進行してしまう、と発想しましょう。自分を律して、日常生活をマネジメントしやすくなると思います。

LIFE HACK
26

「実年齢−20歳」の
意識が人生を最適化する

　これまで私たちは、人生はせいぜい80年だと思っていて、それを前提にキャリア形成や結婚、出産、資産運用などの人生設計をしてきましたよね。**ところが100歳時代になったことで、その設計のままだと20年の「余白」があるため、人生を間違ってしまいます。**

　今54歳の私の余命は26年でなく、46年です。実年齢も20年引いて34歳のつもりでいないと、余白が埋まらず、人生を最適化できません。まだ34歳の青二才で働き盛りだから、いろんなチャレンジをして多くのスキルを身につけなければいけない、という意識です。60歳で定年退職するというのは、40歳で引退するということになります。とてつもなく早すぎますよね。40代もまだまだ働き盛りですから、転職や独立を視野に入れて精力的に動いていないと、人生がどん詰まりになってしまうのです。

　健康管理についても、まったく同じことが言えます。もう54歳だから運動に励まなくてもいいや、ではなく、34歳のつもりで体力をつけておかないと健康寿命が足りなくなってしまいます。

　私が健康管理を徹底し始めたのは40代に入ってからです。食事は自炊を基本にして、外食や加工食品を控える、運動は1日1万歩以上歩く、睡眠は7時間以上とる、ということを実践した結果、最高62kgあった体重がするすると落ち、数年で50kg前後、体脂肪率は20％前後になりました。週1ペースでチートデイを設けて、大好きなスイーツを食べていますが、今に至るまで一度もリバウンドし

ていません。

　2ヵ月に1回インボディ（体成分分析装置）で、体重や体脂肪量、筋肉量、内臓脂肪量、基礎代謝量などをチェックしていて、変化がないことを確認しています。基礎代謝量は、本当に－20歳のことが多く、30代に該当する結果を得られています。繰り返しになりますが特別なことは何もしていません。

「継続は力なり」でなく、ラクに続けられる方法を

　私たちは、目の前のリスクには非常に敏感なのに、遠いリスクについては、その存在を忘れる傾向があります。双曲割引という心理作用が働くためで、健康についても、年を取って衰えを感じないと本気で対処しようとしません。しかし、リスクの渦中にあっては、何をしても時すでに遅し、です。**実年齢が40代の人は20代、50代の人は30代、60代の人は40代、70代の人は50代のつもりで今の生活を見直して、改善できることを今日から1つずつ始めましょう。**

　そして、自分にとってラクに続けやすい方法は何かを考えてください。継続は力なりと言いますが、力が必要なやり方では続かないからです。特に運動習慣は三日坊主になりやすいと思います。私も、過去に何度か筋トレにトライしましたが、やっていてちっとも楽しくないので続きませんでした。同様の理由で、ヨガも挫折しましたが、趣味のゴルフはもちろん、1日1万歩以上歩くことも難なく続けられています。

「実年齢－20歳」の意識で生活すれば、余白の20年をボーナスステージに変えられます。せっかくのボーナスなのですから、無駄にすることなく、楽しめるようにしましょう。

LIFE HACK
27

運動は健康寿命の貯蓄。
動かなすぎは、
食べすぎよりも怖い

　昨今、座りっぱなしは喫煙や飲酒と同じぐらい健康被害があると言われています。動かなすぎが原因による病気は、もう山のようにあります。内臓脂肪が溜まりやすいため、肥満や糖尿病、高血圧などの生活習慣病のほか、心筋梗塞や脳梗塞、動脈硬化など、様々な病気の発症リスクを高めます。言い方を変えると、**動かなすぎは健康寿命を縮める**、と言うこともできるでしょう。人間も動物の一種で、動くことを基本に作られていることを考えれば納得です。

　思い切った発想の転換が必要で、私たちは動くことがデフォルトで、座ったりじっとしていることが例外と考えるべきかもしれません。よく動けばよく眠れますし、お腹も空くので好きなものを好きなだけ食べても太りません。いいことづくめです。

　そのためにジムに通ったり、何か運動を始めるのも一案ですが、週1〜2回、1時間程度動いても、運動不足は解消できません。**必要なのは、通勤や家事、階段昇降などの日常生活活動による消費エネルギー、すなわち非運動性熱産生（ＮＥＡＴ／ニート）を増やすこと**だからです。

　そのことを知ってから、私は歩数と消費エネルギーをスマートウォッチで管理し始めて、原則的に車移動をやめ、普段の移動は公共交通機関を使うようにしました。駅構内で階段とエスカレーターがあった場合には、迷わず階段一択です。階段を上る習慣をつけていると、高齢になると弱くなりがちな足腰と心肺機能を丈夫に保て

ます。駅が、わざわざ階段というトレーニングツールを用意してくれているようなものです。

電車で1駅、3駅のところへなら、歩いてしまうこともよくあります。1kmの距離は余裕の徒歩圏内で、2〜3kmの距離も歩くのが当たり前になっています。自分の足に合った靴を履いて、荷物を小さくすると、躊躇なく歩こうという気持ちになれます。

こまめに動く仕組み作りをする

仕事中も座りっぱなしにならないように、1時間座っているとスマートウォッチのアラームが鳴るように設定しています。パソコンやスマホでアラーム設定する方法もあります。どんな方法でもいいので、動かなすぎを解消する仕組みが必要です。せめて、座っている時間と立って動いている時間が同じぐらいになることを目指しましょう。

私のスマートウォッチのアラームが鳴るのは、1日に1回か2回です。1時間座り続けていることはほとんどなく、鳴ったらヤバイ！と思ってすぐ立ち上がって、ストレッチをしたり振動マシンに乗ったり、近所のスーパーや郵便局に行って用を済ませてきます。そうしてこまめに動くことで、健康寿命を貯蓄しているイメージがわきます。そのたびに、得した気持ちを味わっています。

非運動性熱産生（ニート）を増やすようにしてから、体重と体脂肪が自然と減って適正になり、筋肉量は増えました。基本、よく歩くだけで筋肉量は増えます。維持できるだけでなく、増える。定期的にインボディ（体成分分析装置）を測ってくれる人も、筋トレなどを始めたのかと思った、と驚いていました。

痩せている人はよく動く人

　ダイエットに関する研究論文を読むと、痩せている人は特別な運動をしているわけではなく、非運動性熱産生（ニート）が高いことがわかってきました。この産生量が多いことが、痩せるカギ。食べる量が少ないから痩せているわけではありません。食べたら、その分ちゃんと動いているから太らないのです。

　食べる量を減らせば痩せる、と考えている人は多いと思いますが、これは間違った考え方になります。痩せるカギは非運動性熱産生にあって、こまめに動かない限り痩せられないからです。食べる量をセーブする食事制限をして、一時的に痩せたとしても、動かないことがデフォルトの人の場合、あっという間にリバウンドしてしまうでしょう。動かない分食べるのをセーブしても、ますます動かなくなるだけで、より痩せにくくなるからです。

　痩せるために必要なことは、食事制限よりもこまめに動くこと。動かなすぎは食べすぎよりも体に悪い、と認識しましょう。身の回りを見渡してみてください。食べすぎの人は意外と少なくて、動かなすぎの人のほうがはるかに多いのです。

LIFE HACK 28

自転車移動で
体と脳を活性化する

　最近の科学研究で、有酸素運動を定期的に行うことが心身の健康と脳の働きに寄与することがわかってきています。ジムに通わずに、日常生活の中で有酸素運動を習慣化するのは意外と難しいと思いますが、私のおすすめは自転車移動です。

　私は、20代後半から自転車移動を始めて、3km以上の距離があって歩くには時間がかかりすぎるな、というところには自転車で行く習慣があります。自転車移動を始めたきっかけは『自転車通勤で行こう』（疋田智著、WAVE出版）を読んだことで、そうか、片道10kmぐらいなら自転車で行けるんだと知った瞬間に、10万円を握って自転車屋さんに行って、世界的な自転車メーカー「GIANT（ジャイアント）」のマウンテンバイクを買いました。そして、翌日から当時勤めていたマッキンゼーのオフィスがある六本木まで自転車通勤を始めました。

　転職してJPモルガンに移っても、月2000円で自転車置き場を貸してくれたので、ずっと自転車通勤をしていました。子どもの保育園の送り迎えも、全部自転車。30代後半で独立・起業して自転車通勤はしなくなりましたが、片道10km以内なら、自転車で行く生活は続きました。

　私が独立を考え始めたのは30代半ばで、当時はまったく意識していませんでしたが、独立できた一因に20代後半で始めた自転車移動があると思います。**自転車通勤を始めたことによって体と脳が**

活性化したため、会社勤めで使う分だけではエネルギーが余るようになったのです。何にも使わないのはもったいないから、何かに使えないかな、と思い始めたら、知り合いの編集者から本を書いてみないかと言われて実際に書き、それが大きなきっかけになって独立・起業に進みました。

集中力が持続する、いいアイデアが浮かぶ

40代に入って仕事がすごく忙しくなったので、自転車移動ができなくなって、車かタクシーで移動することが多くなりました。結果、太りました。頭の回転も、はっきり言って悪かったです。40代後半になって自転車移動を再開して、そのことに気づきました。頭の回転のためにも、自転車移動をしないとダメだなと痛感して、今も雨の日以外、できるだけ乗るようにしています。1日平均30分ぐらいで、乗る日は1時間以上乗ります。距離で言うと、月100kmぐらいで、年間1000kmぐらいは走っているでしょうか。

同じ有酸素運動のジョギングを移動手段にしている人もいますが、ジョギング歴が長くて脚力に自信がないとできませんよね。自転車なら、乗ることさえできればすぐ始められるのもメリットです。運動不足を改善したい人は、ぜひ自転車移動を検討してみてください。1日30分乗るだけで体と脳が活性化して、集中力が持続しやすく、いいアイデアが思いつくようになると思います。

余談ですが、私は自転車活用推進研究会から、三代目「自転車名人」の称号をいただいています。2年に一度、自転車活用の模範になる著名人が選ばれるそうで、初代は故・忌野清志郎さんでした。今は九代目までいて、各界で活躍されている方々が多く選出され、自転車が脳にいいことが裏付けられているように思います。

LIFE HACK 29

睡眠至上主義で
太りにくくなる

　国内外のあらゆるエビデンスが、現代人の不調や病気の大きな原因は睡眠不足にあることを示しています。端的に言うと、人は起きている間に疲労が溜まり老化が進んでいきますが、寝ている間に溜まった疲労物質と老化物質を洗い流しています。

　睡眠不足になると疲労物質と老化物資を流し切れないため、見た目も中身も疲労が取れず老化が進み、あらゆる不調や病気につながるわけです。

　つまり、不調や病気を防ぎたいなら寝ろ、ということ。最新の有力説では、睡眠時間は7時間台でも足りず、8時間台が理想だと言われます。体の疲労は6時間ぐらいで取れるようですが、脳の疲労を取って記憶の整理をするには最低でも7時間、できれば8時間は寝たほうがいいと言われます。そのことを踏まえて、私は8時間睡眠を基本にして、忙しいときでも7時間は寝るようにしています。

　日本人の睡眠時間は世界でもっとも短いというデータがあり、平均睡眠時間が6時間どころか、4〜5時間という人も少なくないでしょう。それがルーティンになっていると慣れてしまうものですが、**睡眠不足の自覚はなくても、疲労と老化は蓄積しています**。長く続けば借金のように負債になって重くのしかかり、健康を害することから「**睡眠負債**」と言われます。

　通勤電車などの移動中は決まって寝るという人や、テレビや映画を見ていると寝てしまうという人も、睡眠不足が蓄積していて「睡

眠負債」状態でしょう。普段から十分な睡眠が取れていれば、眠く
ならずに起きていられるはずだからです。現に私は、電車やバスの
中でほぼ寝ることはありません。

しっかり寝ていると太らない

　仕事や家事に追われて、睡眠時間を削って働いている人も多いと
思いますが、そうするのが当たり前になると、たまにたくさん寝る
と「こんなに寝てしまった」と一種の罪悪感を覚えてしまうことが
あると思います。

　が、しかし、その必要は本当にありません。睡眠によって体と脳
のコンディションを整えているわけですから、人生に必要不可欠の
時間であって、起きている時間を減らすべきなのです。

昼休みに仮眠を取るのもおすすめです。

　私はデスクの横にヨガマットを敷きっぱなしにしていて、仕事の
合間にストレッチをするだけではなく、眠くなったら横になるよう
にしています。10分、15分で起きることが多いですが、30分以上
寝ることもあります。仮眠を取ると眠気が飛んで、集中力がよみが
えるので、眠気をこらえながら仕事するより、作業効率は断然上が
ります。

　私も多忙を極めていた30代から40代前半は、寝ても5〜6時間
でした。当時と比べると体調は今のほうが圧倒的によく、体重は
50kgまで減りました。

　痩せた要因として食事と運動の影響も大きいですが、睡眠も肥満
と無関係ではありません。睡眠がちゃんと足りていないと、食欲を
コントロールするホルモンのバランスが乱れるからです。食欲をコ
ントロールするホルモンには、食欲を抑えるレプチンと食欲を促進す

るグレリンの2つがあります。睡眠時間が短くて活動時間が長くなると、その分、体はエネルギーを必要とするため、グレリンの分泌を増やして食欲を増進します。

　逆に、睡眠時間をちゃんと取れば、活動時間が短くなって過分なエネルギーを必要としない分、レプチンの分泌が増えて食欲が抑制されます。その結果、適正体重になって体型を維持しやすくなるのです。

睡眠時間を天引きしてスケジュールを組む

　睡眠時間を7〜8時間確保するには、スケジュールから7〜8時間を天引きしてしまうことです。ドルコスト平均法による積み立て投信と同じやり方です、仕事や家事は残りの16時間でできることだけをしてください。こうしたほうが絶対にパフォーマンスが上がります。

　8時間たっぷり寝たら3時間で終わる仕事も、5時間ぐらいしか寝ていないと5時間とか6時間もかかってしまいます。明らかに8時間寝たほうが作業効率がよく、タイムパフォーマンスも上がるのです。

　私も最低7時間、できれば8時間を天引きして、残りの時間で仕事や読書、趣味、運動などを入れるようにしています。

　睡眠時間と睡眠の質はいつもスマートウォッチで測っていて、質は100点満点中80点以上になることを目指しています。時間を確保するだけではなく質も上がると、昼間に眠くなることがなくなって、パフォーマンスがよくなることを実感できます。疲れを感じにくくて、集中力にも差が出ます。

　かつて、自分のことを夜型人間だと信じて疑っていませんでした

が、そんな私でも22〜23時の間に寝て、6〜8時の間に起きられるようになりました。夜型だったのは、忙しさにかまけた生活を送って、自律神経が乱れていたせいだろうと反省しています。

私はスマートウォッチで睡眠を管理しています。
この日もしっかり8時間の睡眠を確保。

スリープテックを駆使して睡眠もマネジメントする

「スリープテック(SLEEP TECH)」という言葉をご存知でしょうか。日本語に訳すと「睡眠技術」で、IoTやAIなどのテクノロジーを活用して、睡眠状態をモニタリングし、睡眠の質を改善または向上させるものやサービスのことを指します。数年前から、生産性の向上や、メンタルヘルスを保つ重要な要素として睡眠が注目されるようになりました。加えてコンパクトなウェアラブル端末が普及したことから、スリープテック製品の開発が進んでいるのだと思います。

代表格は、私がいつも睡眠時間と睡眠の質を測るのに使っているスマートウォッチです。スマホのアプリで、睡眠中の呼吸や体の動きを検知するものや、いびきを録音して睡眠時無呼吸の有無を確認できるものもスリープテックです。調べたところ、センサー付きのベッドやマットレス、枕も製品化されていて、体温の変化や寝返りの数などから睡眠のパターンを記録できる、というものも出てきているようです。

私は、睡眠導入を促すヒーリング系の音楽もスリープテックの一種として捉えています。厳密には違うかもしれませんが、寝つきや睡眠の質を向上させるという目的は同じです。YouTubeにいろんな種類があがっているので、試したことがない人は一度チェックしてみてください。私は、Amazonのオーディブルを流して「耳読」しながら寝るのも気に入っています。

人生の3分の1を過ごす寝具はフンパツする

　スリープテックの導入と一緒に見直してほしいのが、ベッドやマットレス、布団、枕などの寝具です。**寝具にはぜひお金をかけてください。私たちは人生の3分の1を寝ていて、睡眠は体をリフレッシュする重要な充電時間だからです。**にもかかわらず、寝具にあまりお金をかけてない人が多い印象があります。

　皆さん、パソコンやスマホの機能はすごく気にしますが、マットレスは4万〜5万円、布団と枕は一式3万円という感じではないでしょうか。

　私はニトリのファンなのですが、ニトリだと10万〜20万円出せば相当いいものが買えます。3万、5万のものも売っていますが、それを10万、20万のものにすることで、体圧分散性が高くて寝返りを打ちやすいものや湿気がこもらないものなど、高性能になって快眠度も上がります。

　もちろん、もっと値段を出せば外国製の高級寝具を買えますが、高級寝具はキリがないので、そこまでする必要はないと思っています。予算の範囲内で高性能の寝具にすればOK。臨時収入やボーナスが入ったときに、寝具の見直しをするといいかもしれません。そして、買ったマットレスは3ヵ月〜半年に1回、上下を引っくり返してローテーションすることもお忘れなく。両面仕様タイプは裏表も引っくり返します。そうすることでマットレスの寿命が延びます。詳しくはマニュアルに書いてあるので、購入時に目を通してみてください。

脱・出不精！
食事と運動のカギは
実は部屋着です

　健康維持をする上で柱になるのが食事、運動、睡眠ですが、この3つのうち、食事と運動のカギになっているのが、実は部屋着です。**食べすぎないでほどよく食べることと、こまめによく動くことは、部屋着と切っても切れない関係にあります。**

　例えば、上下スエットのようなダボッとした部屋着だと、まず食べすぎます。満腹中枢が作用するのは食べ始めてから約20分かかるので、ウエストにフィット感がある服装でないと、ほどよい量で止めにくくなるからです。

　また、上下スエットだと、そのまま外出できませんよね。着替える必要があると外出するハードルが高くなるため、外出しようと思っていたんだけどなぁ、とか思いながら寝転がって漫画を読んだり、無為にネットサーフィンをして過ごしてしまいがちです。

　わけもなくふいに、何かが重くのしかかったかのように、何もしたくなくなるときってありますよね。私はそれを「妖怪出不精」と呼んでいまして、常々、いい退治法はないかと検討していました。そして、こまめによく動くカギが服装にあると気づいてから、妖怪出不精を退治できるようになったのです。

　上下スエットで外に出られないことはありませんが、徒歩数分の距離でも、近所のコンビニに行くのは厳しいと思います。出られてもせいぜい郵便受けやマンション内のゴミ置き場ぐらいでしょう。そういうときに限って、マンションの住人に会いがちで、気まずい

思いで挨拶をするハメになる、というのは"あるある"ではないでしょうか。

服に、節制する気持ちを促してもらう

　食べすぎと出不精を防ぐ部屋着のポイントは、**「適度に見栄えがよくて、適度にウエストが締まっていて、適度に動きやすい服」**です。例えば、ヨレッとしたTシャツではなくてカットソー、部屋着の印象が強いトレーナーではなくセーター、ズボンやスカートはウエストがゴムでないもの、または伸び縮みしない生地のものにする、という感じです。

　私はユニクロやGUのファンで、両方のジーパンをよく履いています。ジーパンを履いていると何がいいかというと、食べすぎ防止になって、ウエストを現状維持できることです。ジーパンって、お腹の肉がはみ出ちゃうとカッコ悪いですよね。そうならないように節制しよう、という気持ちにジーパンがさせてくれるわけです。

　もう50代だから多少カッコ悪くてもいいか、と油断すると、あっという間に、だいぶカッコ悪い人になってしまうので、規律性を保つ意識は重要です。それが即、健康維持につながります。

　外出着は、私は基本的にサブスクのファッションレンタルサービスのエアークローゼットでまかなっていますが、注文内容に自転車によく乗ることを加えているので、ロングスカートやタイトすぎるピチピチのシャツなどの動きにくい服は届きません。部屋着と同様に、適度な動きやすさを重視しています。

　服を選ぶときというのは、トレンドから外れていないか、自分の顔や体型に合っているか、という2つをチェックすると思いますが、3つ目としてぜひ、**動きやすいかどうかもチェック**してください。

それも、出不精になりにくくなるポイントだと思います。

「出かけないともったいない仕組み」を作ろう

私的な移動手段を持つことも、妖怪出不精を退治する秘訣です。
外出する気が起きないときには、目的地まで電車やバスに乗って移動することを考えただけで、出かける気持ちが阻害されるからです。

私的な移動手段の中でのおすすめは、有酸素運動になる自転車です。私は車とバイクも持っていますが、車は遠出をするときのみです。都内の10km以内の移動は主に自転車で、ときどきバイクにも乗ります。バイクは有酸素運動にはなりませんが、バイクの駐輪場は不便なところに多いので、停めた後、結構歩くことになります。また、駐輪場に停めるお金がかかるので、400円出したんだからすぐに出すのはもったいないという節約心理が働いて、あちこち歩く気になります。結果、いい運動になるわけです。

あともう1つ、**出かけないともったいない気持ちになる仕組みを作ることもおすすめ**です。私はトランポリンのサブスクサービスを利用していて、月1万6000円の実質通い放題（正確には30回までですが、そんなには行けない）のコースにしています。このコースにしているおかげで、マメに利用しないのはもったいないから行こう、気分転換に行ってこようかな、という気になるわけです。

こうして、自分をある方向に誘導する仕組みを作ることをコミットメントと言います。美容院でなくても、カルチャーセンターやスポーツジム、お気に入りのカフェでも何でも構いません。カルチャー教室の予約をしたから行かなくちゃ、とか、お気に入りのカフェで新製品が出たから行かなければ、という気持ちになることがポイントです。

日中に外出すると睡眠ホルモンの分泌がよくなる

　自分の家というのは、心身ともにリラックスできる超安全スペースです。居心地がいいから、放っておくとこもりがちになってしまいます。だから、自分を外出させる工夫が必要です。

　外出しようと思ってたけどなんとなく面倒臭い、といった理由でダラダラ過ごすと、1日が終わるころに、あぁ、今日は外に一歩も出ないまま終わってしまった、と自己嫌悪に陥りがちです。そんな気持ちでは、睡眠の質も下がりかねません。

　日中に外出するメリットとして、日の光を浴びるため自律神経が整って、夜、睡眠ホルモンのメラトニンの分泌がよくなることも挙げられます。つまり、睡眠の質を上げるうえでも、日中の外出は重要なファクターになるわけです。また、家に食材がないと適当なもので済ませたり、デリバリーをしがちですが、外出すれば食材を買い出すことができますよね。自炊で食事の質も上がるため、妖怪出不精を退治することは、運動不足を解消するだけでなく、睡眠と食事にもプラスに働いて、トータルで健康維持につながるのです。

健康ファーストが最大の美活。年相応の美しさを目指す

以前、YouTube動画で美容整形について取り上げたところ、視聴者さんから、勝間さんは美容についてどんなふうに考えますか？という質問を受けたことがありました。その答えはいたってシンプルで、**健康第一、健康ファースト**であればいいと思っています。

私たちが人に好感を抱くのは健康な人に対してであることが多く、健康な状態を美しいと思うセンサーがあるそうなのです。「健康美」という言葉がある通りで、極端なことを言うと、健康であれば目鼻立ちは関係なく、自然と美しく見える、ということです。

美容整形で目頭切開して目を大きくするとか、鼻にシリコンを入れて高くするとか、美しくする方法はいろいろありますが、うまく加減してやらないと、健康美以上の美しさになって、人に不自然な違和感を与えかねません。そうなるリスクを冒すよりは、健康維持に努めて自然な美しさを手にしたいものです。**健康に気をつけることが、アンチエイジングの基本**だと私は思っています。

美容面で私がしていることと言えば、定期的に美容院に行くことぐらいでしょうか。トリートメントやカットのほか、右のこめかみのところに白髪が出てくるので、リタッチしてもらっています。

化粧品に関しては、必要最低限のものしか持っていません。基礎化粧は化粧水だけで、乳液や美容液は使っていません。特に乾燥やくすみが気になることもないので、使う必要を感じないからです。しいていえば、ゴルフのときに日焼け止めのUVクリームを塗るぐ

らいです。基礎化粧にお金をかけるなら、栄養のあるものを食べたりよく寝るほか、湯船につかって発汗を促したほうが肌のコンディションが整うと思っています。ビタミンやコラーゲンなどの肌にいい成分も、外から足すより内側から足したほうが調子がいいことを実感します。

　メイク道具も最低限で、資生堂マキアージュのファンデーションとチーク、アイシャドウ、アイブロウ、アイラインの5点セットを使用しています。マキアージュを使っている理由は、ドラッグストアでも買えるからです。旅先などにメイク道具を忘れていっても、たいていはいつも使っているものを買い揃えられます。手に入らないときはセブンイレブンで、セットで2500〜3000円のものを買います。

年を取ることに自信が持てるように

　何をどうしたって、加齢とともに皮膚や筋肉が衰えて、顔がたるんで下がってきます。この老化というものは、生きている限り生じるもので、どうしようもありません。ただ、下がるのを無理やり持ち上げるのではなく、食べるものに気をつけて肌のハリを保ったり、しっかり寝てたるむスピードを遅らせたりすることはできます。その結果、手に入るのが年相応の美しさです。

　老化はどうしようもないことだから何もしない、と開き直ってしまうと老化を加速させかねません。人によっては、いい印象を持たないでしょう。老化にまっこうから抗うのではなくて、老化を遅らせるために健康維持に努めて、健康美を目指す。この意識を持つことで、年を取ることに自信を持てて"かっこいいおばあちゃん"になれるのではないか、と思います。

LIFE HACK 33

ポジティブな
若作りをしよう

　一般的に、「若作り」というのは聞こえが悪い言葉ですよね。実年齢よりも若く見せようと無理している人のようなニュアンスで、「あの人、若作りが上手よね」というのも褒め言葉としては使われません。でもこの若作りという意識は、実は非常に重要な役割を果たすんです。何かというと、**私たちは自分のことを実年齢よりも若いと思っているほうが、心身がうまく機能する**からです。

　年を重ねると経験値が上がってできることが増えるため、精神的には楽しいことが増えます。いっぽう、身体的に老化が進むことは楽しいことではありません。そこで何もせずに、老化するがままにしてしまうと、着々と近づく死を受け入れることになり、実年齢以上に老けていくリスクが生じるわけです。

　また、人は自分より年を取っている人と一緒に過ごすというのは、無意識のうちに嫌だと感じてしまいがちな生き物です。なぜ嫌かというと、いずれ自分もこんなふうに年を取るのか、と加齢を自覚させられるからです。そう思われないことを、若作りをするモチベーションにするのもいいでしょう。私の場合、YouTubeチャンネルの視聴者の80％が自分より若い人たちなので、その人たちに嫌な思いをさせないで、元気が出るような若作りを心がけています。

　愛用しているサブスクのファッションレンタルサービスのエアークローゼットの、メインターゲットは30〜40代です。それを50代の私が着たら、本来なら"イタイ人"になってしまいます。そうな

らないように健康ファーストの美活をして、それなりに見えるように気をつけています。

　最近、髪の毛にパーマをかけてソバージュにしたのは、高齢になったらロングヘアを楽しめなくなるから今のうちに、という思いからでしたが、猫っ毛でボリュームがない悩みも解消できて一石二鳥です。

グレイヘアへの移行は慎重に

　私と同じ50代の人は、いつグレイヘアに移行しようか、考えている人が多いと思います。グレイヘアにするかどうかは、ヘアカラー剤に対するアレルギーの有無やポリシーにも関わることなので好き好きですが、もし私が迷っている人からアドバイスを求められたら、きっとおすすめすることはないでしょう。グレイヘアは、必要以上に年齢をアピールすることになりますし、相手にも、自分もいずれこうなるかもしれない、と思わせかねないからです。**できる範囲で若作りしたほうが、円滑な人付き合いのためになる、というのが私の意見です。**

　過度な若作りではなく、年相応の美しさを維持している人を見ると、いくつになっても、こんなに素敵でいられるんだ、と励みになりませんか？　そういう人に出会えるとテンションが上がりますし、私は、自分も周囲の人にそう思ってもらえるような年の取り方をしたいと思うのです。

LIFE HACK 34

「1日1万歩歩く」の
本当の意味を理解する

　健康指標の1つとして1日1万歩歩きましょう、というのがありますよね。ただ、きっちり1万歩ではなく、だいたい8000歩以上でいいらしいのですが、いずれにしても、**よく歩く人は生活習慣病の罹患リスクが少なくて健康寿命が長い**、ということを多くのデータが示しています。

　ただ、この1日1万歩というのは、ある意味代理指標です。その人が普段どのぐらい活動的な生活をしているか、ということが歩数で測れる、ということにすぎません。だから、1万歩達成するために集中してたくさん歩くけど、それ以外は座りっぱなしだったら意味をなしません。**あくまでも、目的は活動量を増やすこと**。単に歩くことだけではなく、こまめに動くことを主体に考えるようにしましょう。その結果、1日の歩数が8000歩とか1万歩になるようなイメージで、普段の生活を見直すことをおすすめします。

　例えば、家にいるときはこまごまとした家事をしたり、出かけるときは車を使わずに歩いたり自転車を使ったりすることです。車を使ったとしても、駐車場に停めた後はよく歩き、電車を使うときは、駅でエスカレーターやエレベーターを使わずに、階段一択。私の場合、1日3件は用事を作って外出するようにすると、たいてい1万歩を超えます。執筆に追われて3件の用事をこなせなかった日は、VRゴーグルをつけて、バーチャルエクササイズやゲームをして体を動かすようにしています。

活動量が上がると脳も活性化する

　人間はラクをしたい生き物なので、便利なものの誘惑にはなかなか勝てません。その便利なものの筆頭がやはり車です。車移動を基本にしてしまうと、本当に歩かなくなってしまいます。バイクについても同様のことが言えますが、バイクの駐輪場は不便なところに多いので、停めた後、結構歩くことになります。自転車は自分でこぐ分、活動量を稼げます。

　日ごろから家事をちゃんとしている人も、活動量を高く保てます。部屋中くまなく掃除機をかけたり、お風呂掃除や寝具の洗濯、窓拭きなど、重めの労働の家事は少なくありません。自炊も意外と動きます。食材の買い出しをはじめ、調理するときは冷蔵庫から食材を出して、それを刻んで煮たり焼いたり。調理家電を使ってほったらかし料理をするとしても、手間はゼロではなく、食後は食器洗いもします。それらをせずに、カップ麺にお湯を注ぐだけ、あるいはデリバリーして待つだけだと、ほぼ動きませんよね。たまにする分には問題ありませんが、それが基本になっていると栄養も偏るので、ぜひ改善してください。

　何か悩んでいることがあるとき、じっと考えていても答えが出なかったけど、歩いていたり、運動をしているときに、ふいに答えがひらめいてすっきりした、という経験はありませんか？　実は、人間の体の仕組みとして、手足を動かすときに脳もよく動く仕組みになっています。脳は、体の動きと一体となって活性化するわけです。思考力も集中力も、頭のキレも、座っているより、動いているほうが上がるそうです。

LIFE HACK 35

断酒はいいことだらけ。
「ソーバーキュリアス」
になろう

　私は20歳からお酒を飲み始めて32歳ぐらいまで、結構飲んでいました。妊娠中と授乳中を除いて、ワインだったら毎日1/2〜1本。みんなで飲みに行くと、ビールを1リットルは軽く、日本酒なら2〜3合飲んでいました。

　なかなかの飲んべえだったわけですが、32歳でタバコをやめられたとき、ひょっとしたらお酒もやめられるかもしれない、と思って試したらやめられました。ところが、いわゆるスリップといって、39歳でまた飲むようになって41歳までの2年間は飲んでいました。それ以来きっぱりやめて13年経ちます。

　この体験から、断酒をすると3つのパワーを得られることを実感しています。その3つのパワーとは、**お金、時間、健康**です。どれも、代えがたいものばっかりです。

　まず、お金。お酒に対しては、みんな懐が緩みます。お茶やジュースなら1000円以上払うことはまずないですが、お酒だと平気で1000円どころかもっと払います。外食もお酒を飲まなければ2000〜3000円がいいところだと思いますが、お酒を飲むと倍以上かかります。とにかくお酒を飲むとお金がかかるわけです。

　それから、時間もなくなります。私はお酒を飲まないので、会食をするとき、1時間半で十分楽しめると思っています。ところが、お酒を飲む人が多いと3時間も4時間もかかって、飲まないほうは手持ち無沙汰になります。お酒を飲むと時間の感覚が麻痺するので、

長時間経っても苦にならないのです。その分、帰宅が遅くなって就寝時間がズレ込めば、翌朝の体調に影響することは免れません。

　私は、夜は10時台に寝て、朝は6時台に起きることが多く、起きたらすぐ仕事をします。多くの約束事は9時や10時から始まるので、**それまでの時間は誰にも邪魔をされずに仕事ができる貴重な時間**になっています。でももし、お酒を飲む習慣があったら、この時間を確保し続けるのは厳しいと思います。

　3番目はなんといっても健康です。お酒を飲む人には残念なお知らせですが、**様々なエビデンスを集めれば集めるほど、お酒は百薬の長になっていないことがわかります**。かつては、ほんの少し飲むと、リラクゼーション効果や血流改善効果があると言われていました。しかし、それらの効果は無視できる範囲で、飲酒が習慣化して肝機能障害などの罹患率が上がるリスクにかき消されるそうです。脳、消化器、循環器、神経、筋肉など、すべての臓器に障害を来す恐れがあると言われるほど健康被害は甚大で、お酒は飲まないに越したことはない、というのが近年の研究による結論です。私は、お酒によって脳の働きが悪くなることが一番怖いと思っています。**100歳時代を生きていて、脳の働きが悪くなるのは最悪としか言いようがありません。**

　また、お酒を飲むと、肝臓がアルコールの解毒に使われてしまって、疲労物質や老化物質の解毒に使われなくなります。その結果、疲れやすくなって老化が加速するわけです。時間と同じく、健康状態も過去に後戻りできません。私たちは死ぬ方向に向かって生きているわけですが、わざわざお酒を飲んで、死ぬ方向にさらにアクセルを踏んでどうするという話です。

　いわば、**お酒は「毒と書かれていない毒」**なのですが、そのことをメディアがあまり報じないのは、スポンサーに酒類メーカーが多

いからです。お金を出してもらっている以上、悪口を言えないというのが実情です。

ソーバーキュリアスを目指そう

ソーバーキュリアス (Sober Curious) とは、**「お酒は飲めるけど、あえて飲まないことを選択するライフスタイル」**を指します。「ソーバー」が「シラフの、酔っていない」という意味で、「キュリアス」は「興味がある、好奇心旺盛」という意味です。ソーバーキュリアスは、アメリカやヨーロッパで増えていると言われます。

日本でも、Z世代と言われている若い人たちの間で、男女ともにお酒を飲まない人が増えています。昨年の夏、国税庁が若者を対象に、日本産酒類の需要を増やすビジネスプランを募集するキャンペーン「サケビバ！」を展開したところ、多くの批判を受けて大炎上したことが、若者のアルコール離れを物語っていると思います。

そこで、お酒をやめたいと思っているけど、なかなかやめられない人は、ソーバーキュリアスになることを目指してください。言葉の力は大きくて、私たちの意識と無意識をつなぐのは言葉です。ソーバーキュリアスという言葉を自分に当てはめることで、飲まないように我慢している人ではなく、飲まないことをあえて選択している人に変換できます。ネガティブなイメージから、ポジティブなイメージに一変する感じがありませんか？　そしてもし、人からお酒は飲まないの？　と聞かれたら、得意気に「私、ソーバーキュリアスなんだ」と答えてください。

LIFE HACK
36

健康だからこそ
利他になれる

　体調を崩すと、自分のことで手いっぱいになって、人のことを気遣う余裕がなくなりますよね。どうしても利己的になりがちです。その逆で、体調がよくて体力も十分にあると、意識せずとも自然と周囲の人のために動けて親切にできます。こう考えると、**健康こそ利他心を養うカギ**だと思うのです。

　私が、人間関係でもっとも大事にしている価値観は利他心です。利他というのは利己の逆で、利他心とは、他人が利益を得られるように振る舞う心構えのことです。これは私が言うまでもなく、様々な宗教で説かれていたり、多くの自己啓発書に書かれていることです。人は誰しも、自分が幸せになりたい、と当然のこととして思っています。しかし、自分1人だけで自分を幸せにすることはできません。**人との関わりの中で、協力し合いながら幸せになることができる**わけです。

　その協力をする際のカギになるのが利他心です。ごくごく小さな貢献でよくて、例えば、人に道を聞かれたら教える。ゴミが落ちていたら拾って捨てる。ファストフードでトレーを片付けるとき、隣の席に放置されたトレーがあったらついでに片付ける。知り合いから、こういう人を知らない？　と聞かれたらできる限り探す、など。こうしたことを進んですると、他者貢献している自分を自覚するためか、とても気分がよくなります。それだけではなく、不思議と運がよくなって、チャンスも寄ってくるようになるのです。

それはなぜでしょうか。利他的な行動が身につくと、自分以外の人の満足も考えられるようになります。すると、仕事や何かの活動をするときに、自分個人の成果や満足だけではなく、所属する会社やグループが大きな成果や満足を得るにはどうしたらいいか、ということを考えるようになります。そうした行動ができる人は自ずと信用度が上がり、実際の結果に結びつけば実績になるため、さらにいろんなチャンスが舞い込むようになるのだと思います。

同時に、**小さな貢献を繰り返していると、周囲に自分を応援してくれる人がたくさん集まってくるので、チャンスを最大限に活かしやすくなるのです**。まさに好循環で、これはどんなにお金を積んでも買うことはできません。

自分の健康維持は自分にしかできないこと

もちろんお金も大事ですが、あくまでもお金は自分がしたいことをするため、欲しいものを手にするための脇役なので、主役である自分を大事にする、すなわち、健康維持に努めるほうが大事だと思うのです。お金がなくなったら生活保護制度で国が保障してくれますし、病気になったら医師に治療してもらえます。けれども、先天性の病気の場合を除いて、**病気にならないように健康状態を一定水準以上に保つことは、自分でやるしかありません**。

より前向きな言い方をすると、自分の健康維持は自分にしかできないことになるでしょう。そう思うと、自分を大切にしよう、自分ぐらいは大切にしてあげないとかわいそう、という気持ちになりませんか？　自分を大切にすれば体調がよくなって、周囲の人のために動こうという利他心が自然と発動します。利他心を養いたいと思ったら、健康ファーストを心がけることをおすすめします。

LIFE HACK 37

気温管理は体調管理。エアコン代をケチると医療費が上がる

　私たち人間は、長い歴史の間にどんどん健康になって寿命を延ばしてきました。それは医学が進歩して、衛生状態が良くなったことだけではなく、家の断熱材やエアコンの開発と普及によって、1年中、快適な温度で暮らせるようになったことも、実は大きく影響しています。

　猫や犬などの動物は、毛皮をまとっているので、寒い冬でもなんとかなりますが、人間は洋服を着るだけではなかなか体温を保てません。どうしても、断熱材やエアコンの力が必要になります。

　私たちの体温は36〜36.5度で、内臓の温度はもう少し高くて37〜38度あります。この温度が一定以下や以上になると体が誤作動を起こして、血流や代謝が悪化して内臓の機能が低下したり、免疫力も体力も下がってしまうと言われます。それを繰り返していると、ガン細胞が増殖しやすくなったり、心臓発作を起こしやすくなったりする恐れがあるので、**室温を適温に保つというのは健康管理をする上で、とても重要なことなのです。**

　節約に熱心で、電気代がもったいないからエアコンを使わないようにしているという人がいると思いますが、やめたほうがいいと思います。適切な体温管理ができなくなって病気になりやすくなる結果、医療費の増加につながるからです。むしろ、快適な室温で暮らすことを主眼に置いていると、体調が整って、余計な医療費をかけずに済みます。家事や仕事の生産性を上げる意味でも、快適な室温

に保つことは欠かせません。ぜひ一度、自分にとって何度がベストなのか、考えてみてください。

　会社だと周りの人に合わせなくてはいけないため、暑すぎたり寒すぎたりして、服で調節する必要があると思いますが、家では自分にとってのベストな温度に調節できると思います。一緒に、湿度も意識すると快適性が上がって、より体調管理がしやすくなって生産性も上がるでしょう。ぜひ、40〜60％の湿度を保ってください。

冬は電熱服がおすすめ

　数年前から、夏になるとミニ扇風機を持ち歩く人が増えました。工事現場などで働く作業員の人たちが、扇風機付きのジャンパーを着用している姿もよく見かけます。

　私は、冬に電熱服を愛用するようになりました。モバイルバッテリーがついていて、電気の力で衣類を温めてくれる服です。私が持っているのはジャケットやズボン、靴下で、冬は本当に助かっています。寒いと億劫になりがちな外出のハードルも、電熱服があると下がります。低温、中温、高温と温度調節ができ、寒い屋外から暖かい屋内に入ったら電源を切ることもできます。さらに、温度は自分の好みに調節できるので快適そのもの。**扇風機付きのジャンパーと同様に、電熱服もすごいイノベーション**だと思います。

　電熱服は、数千円台から購入可能です。私が持っているズボンは4000〜5000円でした。普通のズボンに比べたら少しだけ高い程度なので、冬になったらぜひ試してみてください。エアコンをつけても足先やお腹などが冷えやすい人は、特におすすめです。

LIFE HACK
38

家中に鏡を置いて
健康寿命を延ばそう

　鏡を見るときは、メイクをするときや髪型を整えるときなど、能動的に見ることのほうが多いですよね。そのときつい、表情を作っていい顔をするので、鏡に映っているのは、ありのままの自分ではありません。

　ところが、**家のあちこちに鏡を置くと、ふとしたときの無意識の状態が映って、自分の真実の姿が見えるようになります**。顔色や体型の変化、姿勢の良し悪しなどがリアルタイムでわかるわけです。そうすると、四六時中自分で自分をチェックすることになるので、自然と健康意識が高まる結果になります。外食しないで自炊しよう、夜更かししないで早く寝よう、1駅手前で降りて歩こう、という気持ちになりやすくなるのです。

　いわば、鏡が「ヘルスチェックの先生」になるイメージです。年に1回行く健康診断より、毎日自分の真実の姿をチェックしたほうが、私は健康維持に効果的だと思っています。

　姿見でも、1000円とか2000円で買うことができます。姿見を置く場所がなかったら、顔だけが映る小型サイズのもので構いません。とにかく、部屋のあちこちに置けばOKです。

　私はこのアイデアを、イネス・リグロンさんという、ミス・ユニバース・ジャパン・ナショナルディレクターを務めて、『世界一の美女の創りかた』（マガジンハウス）という著書を持つ方から教わりました。彼女は美しさを保つためにやりましょう、と言っていまし

たが、私は、これは無意識レベルの健康維持法にもなると思いました。それで家を改装するときに、インテリアデザイナーさんにお願いして、全部屋に全身が映る姿見を入れ込んでもらいました。

　これは改装時にいろんなことをした中で、良かったと思うことの上位に入り、自分の姿がちょくちょく目に入るので、より健康意識が高まりました。ふとしたときに、顔色がすぐれない自分を見つけたら、睡眠の質が下がっていることを疑ったり、入浴せずにシャワーだけで済ませていることを反省したり……。逆に、顔色がいい自分を見つけたら、「よし、この調子」と思って自信になります。

ダイエットしたい人も鏡効果を利用しよう

　私はここ数年ずっと、体重は50〜52kg前後で、体脂肪率は20〜22％前後に維持できていますが、鏡によるチェック効果が役立っていると思います。私は家にいるときも、上下スエットのようなダボッとした服は避けて、ウエストにフィット感があるものを着るようにしているので、体型の変化は如実にわかるわけです。

　ダイエットをしようと思っている人や、ダイエット中だけどなかなか結果が出ない人は、ぜひ部屋のあちこちに鏡を置いてみてください。自然と自分を律することができるので、痩せやすい好循環が始まると思います。

　ポイントは、意識した状態ではなく、無意識の状態をチェックすること。忙しいときや体調がすぐれないときなど、疲労や老化を目の当たりにして目を背けたくなるときもありますが、だからこそ健康維持に努める気になるわけです。きっと、この鏡による健康維持法は、気持ちのアンチエイジング効果もあると思います。

3

マネー戦略ハック！
死ぬまでお金に困らないために

LIFE HACK
39

ドルコスト平均法なら 資産は30年で8倍になる

　私は長年一貫して、毎月一定額、投資信託を購入し続ける定額購入法、別名、ドルコスト平均法による中長期運用を推奨しています。この運用法を広く一般に推奨したのは、2007年11月に出版した拙著『お金は銀行に預けるな　金融リテラシーの基本と実践』(光文社)で、この本を読んで運用を始めてくれた人たちから、たくさん喜びの声が届きました。その人たちの積み立て額は、どうなったと思いますか？　10年で2倍のペースで増えているのです。

　例えば月々5万円積み立てるとしましょう。1年間で60万円貯まりますよね。10年間だと600万円貯まる、というのが銀行預金のパターンですが、ドルコスト平均法による運用だとその倍の1200万円になります。さらに言うと、20年で4倍、30年で8倍になります。**2倍、4倍、6倍と2倍ずつ増えるのではなく、倍々で増えていくのです。**

　私の場合、30代半ばぐらいで積み立て始めたものが一番古いのですが、50代半ばの今、ちゃんと4倍になっています。いっとき、老後資金の2000万円問題というのがありましたが、ドルコスト平均法なら、2000万円を貯めるのも可能なんです。ポイントは中長期で行うこと、つまり、時間を味方につけることです。

　よく、ドルコスト平均法はいつから始めればいいですか？　という質問を受けます。昨今では、終わらないコロナ禍や長引くロシアのウクライナ侵攻などによって、株価の下落や円安といった条件の

悪さが気になって、なかなか始められない、という人も少なくありません。**でも、一般人は相場を読もうとしたらいけません。なぜなら、読めないから、です。**

　プロのトレーダーやアナリストだって、常に正確に読むのは不可能です。だから、一般人は投資を始めるタイミングもはかってはいけません。なぜなら、はかれないから、です。**始めるのに一番いいタイミングは、今すぐ、です。**今すぐ始めれば、現時点から最長で積み立てることができますよね。時間を味方につけるとは、できるだけ長く続けることを意味します。タイミングをはかって何ヵ月も何年も経ってしまうのが、一番もったいないことなのです。

ネット証券で世界株式インデックスを買う

　どこの証券会社にして、どんな金融商品をいくら分買えばいいですか？　という質問もよく受けますが、証券会社は取引手数料がかからないネット証券ならどこでもOKです。そこで口座を開設したら、**「インデックスファンド」**と言われる金融商品を買いましょう。インデックスファンドとは、日経平均やNYダウなどのインデックス＝株価指数に連動した運用成果を目指すものです。中でも私も買っていて一押しなのは、世界中の株価指数に連動する「世界株式インデックス」です。

　現在の世界の国と企業の成長率の平均は4％前後です。今、日本やアメリカの経済は落ち込んでいますが、アフリカや南アメリカ、東アジアなどは成長しています。**資本主義が続く限りにおいては、どこかの国の、どこかの企業は必ず儲けますから、世界株式全体では平均的には上がっていくわけです。**ただ、どこの国のどの企業の株が上がるかはわからないので、世界中の株価指数に連動して、世

界中の株に分散するのと同じ世界株式インデックスを買うといいのです。年利として、世界の国と企業の成長率の平均4％が担保されます。私の実感値では、4％以上で、6％ぐらいあります。

不動産投資信託「リート」もおすすめ

不動産投資信託と言われる「リート」もおすすめです。文字通り、オフィスビルや商業施設、マンションなどの不動産を投資対象にした金融商品で、「Jリート」と言われる日本のリートと、海外のリートがあります。私は両方やっています。リートは、基本的に価値が高い不動産を対象にしているので、人口が減っても利用者が減っても下がる可能性は低いと思います。また、配当が高いこともリートをすすめる理由です。株式のおよそ倍で3〜4％もあります。

世界株式インデックスもリートも、信託報酬が安いものを選ぶようにしましょう。世界株式やリートもいろんな運用会社から出ていて、どれを買ったらいいか迷うと思いますが、信託報酬はどんどん安くなっていて、今の平均は0.4〜0.6％で、0.1％や0.2％台のものも増えています。もはやタダ同然です。

積み立てる額は、毎月収入の10〜20％を目安にしてください。必ず給料日に10〜20％を天引きして、積み立てに回しましょう。お金を貯めるコツは、積み立てる分を最初からないものにすることです。お金が余ったら運用に回そう、という考え方ではいっこうに貯まりません。

安定して収益が伸びるのは、5年目以降です。運用を開始して1年目、2年目はマイナスになることもありますが、3年目ぐらいから時間が味方をしてくれる効果が出てプラスになります。そして、5年目以降は配当金による複利を得られるため、安定して収益が伸

びるようになるのです。

　始めるタイミングをはかっていると、収益を得るチャンスを逃すことになるので、いつやるの？　今でしょう、ということで、今すぐネット証券にアクセスしてください。

お金はちゃんと使うことも大事

　ドルコスト平均法による積み立てを続けるコツは、積み立て金を給料から天引きして最初からないものにすること、と前述しましたが、それをすれば、残りのお金は全額使って問題ありません。むしろ、ちゃんと使いきってください。お金は、将来に備えて、と思うと貯めることばかり意識して、使うことが怖くなる場合があります。しかし、お金は私たちがしたいことを叶えるための脇役で、主役は私たち自身であることを忘れてはいけません。

　私は、死ぬまでにお金を使い切ろうと思っています。そう考えるきっかけになったのが、『DIE WITH ZERO　人生が豊かになりすぎる究極のルール』（ビル・パーキンス著、ダイヤモンド社）という本です。お金は貯めるばかりが能ではなく、体験にもちゃんとお金を使って自己投資をし、死ぬまでに使いきりましょう、という今までにあるようでなかった視点で書かれていて、読みながら目から鱗がボロボロ落ちました。無駄遣いは論外ですが、かといって節約しすぎて幸福度を下げるのも身も蓋もない話です。その上手なバランスの取り方がわかって、お金をどうやって使ったら、人生を豊かにできるのか、という理解が深まります。

　著者は、私が推奨する収入の一部を貯蓄や運用に回し続けることには否定的ですが、お金をどうやって使ったら人生を豊かにできるのか、本当に望む生き方ができるのか、というヒントが満載です。

ドルコスト平均法は相場下落時こそ"種まき"のチャンス

前述した通り、ドルコスト平均法による投資信託の中長期運用は時間を味方につけるのが最大のコツで、安定して収益が伸びるようになるのは5年目以降です。1年目、2年目はマイナスになることもあって、不安になるかもしれませんが、決して積み立てをやめたり、売ったりしないでください。株式相場全体が下落したときも同様で、何事もなかったかのように、淡々と積み立て続けてください。ドルコスト平均法による運用で一番損するのが、下落時にやめたり売ったりすることだからです。

多くの人が勘違いしているのですが、**株価が緩やかに上昇し続けたら意外と儲かりません**。株価が上下動すると元本割れの恐れもあって怖い、と思う気持ちはわかりますが、ドルコスト平均法は株価が上下動して変動幅（ボラティリティ）があるほうが儲けが増えるのです。

日経平均株価の推移をイメージしてください。2007年ごろは1万8000円ぐらいありましたが、それが一気に7000円台に下がり、徐々に戻って1万円台、そしてアベノミクスで2万円台に上がりました。その後も上下動を繰り返して、2023年2月現在の日経平均株価は2万7000円前後です。

こうして株価が上下動しても、ドルコスト平均法で積み立て額は一律で、同じ額を積み立て続けるのが肝です。例えば、毎月2万円ずつ積み立てる場合。株価が1万8000円のときに買える株数は1.1

単位ほどですが、7000円のときは3単位ぐらい買えます。持ち株の合計は4.1単位になりますよね。いっぽう、毎月1単位ずつ購入するやり方だと、1万8000円のときも7000円のときも1単位ずつなので、合計2単位しか取得できません。2万円ずつ購入する場合の約半分で、これが積み立て額を一律にして続けると儲かる理由です。株価が上がったときは少ししか買えないけど、下がるとたくさん買える、ということを繰り返す結果、トータルで増えていくわけです。

　私は世界株式インデックスのほかに新興国株式インデックスも買っていて、新興国株式は世界株式に比べて上がり続けています。そうすると、すごく儲かっている感じがしますね。実際はそんなことはなくて、1.3倍ぐらいにしかなっていません。この理由も、株価が上がり続けてあまり下がらないと、買える単位が少ないためです。世界株式のほうは大きく上がるときもあれば、大きく下がるときもあるので、その分たくさん買えて持ち株が増えるわけです。

株価が上下動しても積み立て続ける

　近年では、コロナ禍やロシアのウクライナ侵攻などでも、株価が大きく上下動しました。両方とも、事態としては1日も早く終息することを祈るばかりですが、ドルコスト平均法による中長期運用にとっては、上下幅が大きくなるときが持ち株が増えるチャンスになります。だから、**大きなニュースによって株価が上下動しても、積み立て続けてください**。3年後、5年後に必ず花開きます。

　もっと言うと、ドルコスト平均法による中長期運用を始めるタイミングは、下落時に始めるのが一番おすすめです。最初の半年や1年は赤字が続きますが、下落時に始めるからこそ、将来の大きな黒字につながるわけです。いわば、下落時というのは「種まきの時期」。

そう考えると、ドルコスト平均法による中長期運用は農業的な投資法で、デイトレードのような短期売買は狩猟的と言えるでしょう。

　下落時は、証券口座にログインしないでください。ログインしてマイナスが増えているのを見ると、のちのち増えるとわかっていても、嫌な気持ちになるからです。いっそのこと、下落時は運用していることを忘れましょう。長期投資の世界では、「バイ・アンド・フォーゲット (Buy and Forget)」、すなわち「買ったら忘れろ」という言葉があるほどです。ログインするのは上昇時だけにしましょう。上昇時に見るのは気分がいいので、毎日見ても構いません。

　その上昇も、下落時に種まきをしたからこそです。下落時はチャンスと覚えておいてください。

LIFE HACK 41

投資は予測ではなく時間で儲ける。配当の再投資がコツ

　投資をするとき、多くの人が株価を予測して、株価変動に伴って生じる売買差益（キャピタルゲイン）で儲けようとします。でも、株価を正しく予測することはプロのトレーダーにも不可能なので、それを一般人がやろうというのはとてつもなく無理があることなのです。

　株価が上がったり下がったりするのはどういうときかというと、企業の決算がよかった悪かった、金利が上がる下がるなどの新しいニュースが入ったときです。コロナやロシアのウクライナ侵攻などの世界情勢にも、株価は反応します。将来、どんなニュースが舞い込んでくるかは、基本的に誰もわかりません。インサイダー（内部関係者）はわかりますが、インサイダーは株や為替をやってはいけないことになっています。

　そうすると、ニュースに対していち早く反応して、売買できた人が一番早く儲けることができます。それができる人はどういう人かというと、四六時中株価チャートを見ていて、わずかなニュースにも素早く反応して、売買できる人です。証券会社や銀行の専業トレーダーは、それをしているから儲けられるのです。

　また、デイトレーダーの一部も儲かるでしょう。ニュースが出た瞬間に、投資家たちの動きを見極めて飛びつくからです。もはや運動神経とアクロバットの世界でして、それについていけない一般人が、ニュースが出た3時間も4時間も後に見て売買しても、それは

もうカモになるだけです。これは、私が大学院の修士と博士課程で習ったこと、かつ、金融業界に出回っている金融理論に基づいた話です。

一般人が確実に儲けるには、時間をかける、すなわち、時間を味方につけるに限ります。時間が経てば配当収入（インカムゲイン）を得られます。多少元本が下がったとしても、配当で儲けることができるからです。ドルコスト平均法による中長期運用は、時間を味方につけて儲ける代表例です。

配当を再投資するから儲けが最大化する

例えば不動産投資信託のリートだと今、4％ぐらいの配当を得られます。ネット証券に開く口座をNISAや積み立てNISAにすると税金が取られないので、配当も非課税です。**この配当も再投資して、積み上げていくのが儲けを最大化するコツです**。4％を10年積み上げると、40％＋αで50％弱になります。＋αは、複利で回る分です。加えて、株価変動に伴って生じる売買差益も上がっていけば、両方でプラスに。だから10年で2倍、20年で4倍、30年で8倍に増えるのです。

配当金は、再投資して運用に回すほかに、現金として受け取ることもできます。どちらにするかは金融商品の購入時に選べますが、複利の効果を期待できる再投資のほうが断然お得です。

欧米で、中長期的に誰が一番儲かっているかを調べた調査がいくつもあって、それらによると、一番儲かっている人はある程度の優良株を買って、その配当を再投資し続ける人です。その人たちに少しでも近づけるように、ドルコスト平均法による中長期投資を始めて、配当を再投資し続けましょう。

LIFE HACK 42

一生お金に不自由しないために数字感覚を鍛えよう

　商品やサービスの価値というのは、一定の尺度にあてはめて設定された価格で表されますが、非常に抽象的な概念です。ただ、数字で表されるために、**正しく価値をはかるには、数字に強いほうが有利なことは確かです。**

　例えば、スポーツが得意な人は、初めてするスポーツも少しやるだけで習得できますが、スポーツが苦手な人はそうはいきません。習得するまでにすごく時間がかかります。それと同じで、数字に弱い人は、商品やサービスの価値をはかるのが苦手なため、お金の使い方や貯め方がイマイチ上手にできないことが多いのです。

　それを克服して数字に強くなるには、まず、コストパフォーマンスを考えることです。コストパフォーマンスとは、支払うお金と、それによって得られるものを比較したもので、安いお金で高いものを得られる商品やサービスを選ぶようにしてください。

　そのためには、**コスト構造を見抜く目を持ちましょう**。例えば、ユニクロがなぜ安いかというと、中国などで大量生産をしていることや中間業者を抜いていることなどが理由だからです。かたや高級ブティックの服は、生産枚数が少なかったり中間業者がたくさんいたり、売れ残ることを想定した価格設定になっているから高くなります。市場競争にちゃんとさらされた上で、ある程度のシェアを獲得しているところというのはコスパがいいところが多いので、そうした商品やサービスを選ぶことをおすすめします。

また、商品やサービスの値段を見て、これは自分の時給や日給で考えると何時間分、何日分に相当するのか、という計算もしてみてください。それで、払う価値があると思うものだけを買うようにするわけです。最初は考えるのに時間がかかりますが、徐々に直感的にわかるようになります。そうすると賢い買い物ができるようになるだけではなく、無駄遣いがなくなるため、お金も貯まります。

「私、数字に弱いんで」という呪文はご法度

　私は、料理をするときの塩分量は食材に対して0.6％と決めていて、毎回ちゃんと計っています。愛用している天然塩は1kg3000円しますが、1メニューごとの使用量は使っても1g程度です。1gの塩の値段は3円です。その3円を使うことで、何百円分の食材がおいしくなるんだったらなんの問題もない、むしろ1kg3000円の塩はコスパはいいと判断しています。

　こういった考えができればできるほど数字感覚が鍛えられて、その数字感覚が金銭感覚としてうまく機能するようになります。**自分は何を大事にしたくて、何を省いてもいいと思っているのか、という価値基準も明確になっていく**でしょう。

　これは女性に多いタイプで、「私、数字に弱いんで」と言う人がいますが、その言葉は数字感覚を鈍らせる呪文なので、絶対に言わないようにしてください。逆に、「私は数字が大好き」「数字に強い」「数字感覚がついてきたぞ」と思っていると、本当にどんどん数字に強くなって金銭感覚が磨かれていきます。その結果、無駄遣いがなくなってお金が貯まる、という好循環にのることができるわけです。きっと資産運用に対する感覚も養われて、より効率よくお金を増やせるようになると思います。

LIFE HACK 43

「高いお金を出せば うまくいく」は幻想

　今は安くて質がいいものしか売れない時代で、安くていいものがたくさんあります。高いからいいとは限らない、とわかっているはずですが、高額セミナーに引っかかってしまったり、価値の低いものを高額で買わされたりするケースが後を絶ちません。

　かくいう私も、1回だけゴルフの超高額セミナーに行ったことがあります。世界のトップクラスのゴルファーも指導しているコーチにハワイで教わる3泊4日のコースで、指導料と食事代（航空券代とホテル代は別料金）で1万ドルを超えていました。1ドル100円前後のときだったので、日本円で約100万円。それを70万円ぐらいに割り引いてくれたので、興味本位で行ってみました。どんな人たちが来るのだろうと思ったら、やっぱりアメリカのお金持ちがたくさん来ていました。

　行って後悔するようなことは一切ありませんでしたが、一流のコーチに教わったからといって、スコアが劇的によくなったわけではありません。ネットでそのコーチの指導動画を見たり、本を読んだりすれば十分だったかな、というのが正直な感想です。でも、参加申し込みをしたときは、スコアが劇的によくなるんじゃないか、という幻想に駆られて70万円も払ってしまったわけです。

　当時の私は今ほど熱心にゴルフをしていないときで、はっきり言って下手でした。それがコンプレックスになっていて、コースに誘われてもみんなに迷惑をかけると思って断っていたほどです。⊐

ンプレックスがあるときほど、**高いお金を払えばなんとかなるん じゃないか、というトリガーを引きがちなのだ**、ということを学べ て、いい勉強になりました。

過度にお金の力に頼りすぎない思考習慣を

　何事も、誰かに教わるとしても自分がちゃんと理解して動いて、 地道な練習を重ねる、というPDCA（Plan-Do-Check-Action）サイク ルを回さない限り上達しません。時間はかかりますが、急がば回れ が、確実に上達する方法です。それをするのが嫌な場合、お金を出 して解決しようとするのだと思います。価格＝価値と考えて、高額 セミナーはそれだけの価値があることを教えてくれるに違いない、 と思い込んでしまうわけです。

　お金を払えばなんとかなる、うまくいく、というのはすべて幻想 だと心に刻んでおきましょう。その幻想の裏には、自分で努力をし ないで問題を解決したい、という心理が隠れています。でも、だい たいはうまくいきません。解決のきっかけを摑めることはあっても、 まるっと解決することはないのです。

　もしかしたら、私たちは過度にお金の力に頼りすぎているのかも しれません。お金の力は実は小さいもので、お金をかけずに自分で できることがあるのではないか、と考えを改めて、問題解決にあたっ たほうが賢明でしょう。

　コンプレックスがあるときや困っているときほど、お金の力に頼 りがちです。お金を払えばうまくいくという幻想はとりあえず横に 置いておいて、どういう方法であれば自分で解決できるか、と考え るようにしましょう。

LIFE HACK 44

無駄遣い防止のために、普通預金に入れるお金は必要額のみに

　お金を無駄遣いしないシンプルなコツは、①現金を持ち歩かない、②普通預金には必要最低限のお金しか入れておかない、という2です。

　私たちは現金（電子マネー含む）を持ち歩いていると、ついつい使ってしまいます。たくさん持っていると気が緩んで、無意識に無駄遣いをしがちです。単にお財布に多めに入っているだけで、臨時収入があったわけでもないのに、1200円のAランチではなく1500のBランチにしたり、デザートをつけたり。今日は疲れているから、電車に乗らずにタクシーで帰っちゃおう、ということもしがちです。

　加えて、普通預金にお金をたくさん入れておくこともダメです。どうしてかというと、普通預金に入っているお金はクレジットカードなどで使えてしまうからです。したがって、現金も普通預金も普段使うギリギリか予算内までにして、それ以上の余ったお金は運用に回してください。そうして、目の前にお金を置かないようにするわけです。

　これは、お菓子を控えたいから家の中にお菓子を置かない、お酒をやめたいからお酒を置かない、というのとまったく同じ効果を狙っています。手元にお金がない、または普通預金にお金がない、というのは、お金を使うことに対するハードルになります。このハードルが心理的な障害になるため、そのことを無意識にやらないようになるのです。つまり、現金を持ち歩かないで、普通預金にもあま

りお金がないということは、そこにハードルがあるということなので、お金を自然と使わなくなります。

　逆に、いわゆる消費者金融がやることは何かというと、利用枠を限度額いっぱいまでに引き上げます。利用者が3万円しか必要ないと言っても、40万円まで引き出せるようにします。すると、利用者はあたかも普通預金に40万円入っている感覚になって、ギリギリまで使ってしまうわけです。それで、本来払う必要がない高い金利を返済することに……。消費者金融の口座は作らないのが一番ですし、どうしても必要なときは最低限の額だけ使って、すぐに返すようにしましょう。

価値があること、応援したいことにお金を使う

　私は気になるメーカーやブランド、カフェなどができたときには、その会社の有価証券報告書をダウンロードして、財務諸表や会計方針など、経理に関する情報を確認するようにしています。その上で、そこの商品やサービスを買うことは、自分にとって価値があることなのかどうかを考えます。これも無駄遣いをなくす1つの方法です。

　自分にとって価値がある、あるいは応援したいと思ったことにお金を使うのはとても気分がよく、次もまたこういう使い方をしたいというモチベーションになるため、より無駄遣いしなくなります。数字に強くなるきっかけにもなると思うので、気になるメーカーなどができたら、有価証券報告書を覗いてみてください。

家が散らかっていると
お金が貯まりにくい理由

　資産運用を賢くして、しっかりお金を貯めている人の部屋を想像してみてください。広さや造り、調度品などの問題は抜きにして、きれいに片付いていて、整然とした状態をイメージしますよね。逆に、足の踏み場もないほどものであふれ返っていて、服も食べ物もゴミも一緒くたになっているような部屋を見て、お金がありそう、とは思いにくいものです。はっきり言って、お金がなさそう、まったく貯めてなさそう、とイメージするでしょう。いずれのイメージも「時間割引率」の観点で考えると、実際にそうである可能性が高いことが裏付けられます。

　時間割引率とは、経済学や行動経済学で使われる概念で、先々に手に入る報酬を、今すぐ手に入る報酬よりも低く評価する心理的な作用を意味します。部屋が片付いている人は、物を出して用が済んだらすぐ元の場所に仕舞って、テーブルが汚れたらすぐ拭き、ゴミはゴミ箱からあふれる前に捨てます。これらは時間割引率が低い行動パターンで、今片付けておけば、先々に部屋が散らかることはなくてメリットが大きい、と考えます。逆の言い方をすると、後で片付けることにすると部屋が散らかるのは目に見えているから、今片付けておきたい、と思うのです。

　部屋が散らかっている人はその反対で、すべて後でやればいい、と考えます。時間割引率が高い行動パターンで、結果「汚れの借金」が溜まって精算できなくなる＝散らかってしまいます。

また、片付いている部屋では、ものの所在を常に把握できるので、あれがない、これがないと探すストレスがありません。うっかり家にあるものを買い足すことはなく、無駄にものを増やすこともありません。自分にとっての要・不要を明確に管理できているので、必要なお金はきちんと管理して増やそう、という堅実な発想につながるわけです。

　いっぽう、部屋が散らかっていると、常にものを探すストレスを抱えることになり、見つからないと買うことになります。その結果、無駄にものが増え、さらに散らかることになります。それで精神衛生をいい状態に保つことは不可能で、溜まったストレスを解消するために、無意識のうちに浪費してしまいます。それで、特に欲しくもないものを買って落ち込む、と。すると自己肯定感が下がり、そのことをストレスに感じるため、再び浪費をして解消しようとするという悪循環に陥ります。

　こうした悪循環を断ち切るには、時間割引率を引き下げることですが、そう簡単に考え方は変わらないでしょう。だから、まず部屋を片付けてください。**片付いた快適な状態ではストレスを感じにくく、自己肯定感が上がって心の余裕が生まれます**。それだけで浪費癖が直る可能性は高く、同時に浪費しなくなった分のお金が余るようになります。もしまた散らかっても、一度快適な状態を味わっていると、快適な状態に戻したいと思うはずです。

　部屋の状態は、自分の心と頭の中を表すと言われます。これは多くの片付け本に書いてあることで、片付いた部屋はクリアな心と頭の中を表し、お金の管理はもちろん、仕事や人間関係もスムーズにうまくいきやすくなります。もし部屋が散らかってきたら、気持ちや時間の余裕がなくなって、いっぱいいっぱいになっているサインです。部屋の片付けと一緒に、生活も見直しましょう。

お金を貯めるためには言い訳と後回しを撲滅しよう

　経済評論家という立場上、お金に関する相談をよく受けます。あるとき、年を重ねるにつれて、収入が増えたり蓄財ができてお金の自由を手に入れられる人と、逆に、お金に不自由になっていく人がいることに気づきました。その人たちの大きな違いは、言い訳をして後回しにするかしないかです。

　お金の自由を手に入れられる人は、基本的に言い訳や後回しをしませんが、**お金に不自由になっていく人は妙に言い訳が多くて、なんでも後回しにする癖があります**。やろうと思えばすぐできる簡単なことも、やらないことが前提になっているのです。後回しにすると、状況が変わったりして処理に時間がかかるんだから、リアルタイムでパパッと処理しちゃえばいいのに、と思うのですが、やらない言い訳をして後回しにしてしまいます。

　例えば、ドルコスト平均法による積み立ての場合、100円から積み立てられるので、お金がないからできない、という言い訳は通用しません。そう言うと、言い訳や後回しが得意な人たちは、ほかのできない理由を探してきます。どこのネット証券にしたらいいかわからないとか、口座を開設するのが難しそうとか。

　証券会社の人気ランキングはネットにいくつも出ているので、証券会社選びに迷うことはありません。口座の開設の仕方がわからなかったら、サポートセンターに電話をして、話しながら進めればいいわけです。いずれも簡単に解決できることなのに、やらない言い

訳にしています。そのまま、2年や3年はあっという間に経ってしまいます。

　私たちは、生きても100歳ぐらいまでの寿命なので、2年3年の差は結構大きいんですね。ドルコスト平均法による中長期運用で、安定して収益が伸びるのは5年目以降です。運用を開始して1年目、2年目はマイナスになることもあり、3年目ぐらいから時間が味方をしてくれる効果が出てプラスになります。そして、5年目以降は配当金による複利を得られるため、安定して収益が伸びるようになるのです。

　だから今すぐ始めて、できるだけ長く運用することが肝です。と、声を大にして言っても、言い訳と後回しにする人はきっと難癖をつけるでしょう。それが、お金が貯まらない最大の理由です。

将来の自分のことも大切にする

　試しに、自分のSNSや手帳のメモなどを見返してみて、言い訳と後回しにしたことの分量をチェックしてみてください。きっとパターンがあって、こういうことだと言い訳をして後回しにしがち、ということが見えてくると思います。それを覚えておいて、**何かで言い訳をしそうになったら、その自分を自覚して、言い訳しちゃダメだと自分を律しましょう**。そうすることで、時間割引率が低くなり、お金も貯まる思考と行動ができるようになります。

　もっとも、時間割引率が低い人もやる気が出なくて、言い訳をして後回しにしたいこともあります。それでも重い腰を上げるのは、将来の自分が苦労したり困ることがないように、と思うからです。お金を貯めようという動機も、まさにそれです。今の自分だけではなく、将来の自分のことも大切にしてあげましょう。

「お金で時間を買う」は無駄遣いがむしろ増える

「この時間はお金で買っている」ということが口癖になっている人で、お金が貯まる人を私は見たことがありません。彼らが言う「時間をお金で買う」典型例はタクシーです。都市部なら公共交通がいくらでもあるので、時間に余裕を持って行動すれば、タクシーに乗る必要はまったくないですよね。タクシーに乗る必要性が出てくるのは、すごく具合が悪くて病院に行くときや、急に雨に降られて傘を買えず、約束の時間に遅れそうなとき、駅から目的地までバスがないときぐらいでしょう。

つまり、それ以外は単に段取りが悪いからなのです。そのことに自分でも薄々気づいているけど、認めたくなくて「移動時間を短縮するために、時間をお金で買っているから大丈夫」と自分に言い聞かせているように思えてなりません。

よく外食をしたり、お惣菜を買う人も「忙しくて自分で作る時間がないから、外食やお惣菜を買うのは、時間をお金で買うようなもの」と言ったりします。これも、事前に段取りをつけて仕込んでおけば、仕事から帰ってきてから手間をかけずに仕上げられるはずです。外食もお惣菜も、たまに利用する分にはいいと思いますが、毎日のように利用しているとしたら、無駄遣いをしているも同然だと思います。

収入の割にお金が貯まらない人は、「時間をお金で買う」発想をしがちです。給料が安いと嘆いていながら、この発想をよくしてし

まう人は無駄遣いをしているだけで貧乏一直線です。そういう方は時間とスケジュールを管理することをおすすめします。そうすれば、お金で時間を買う必要がなくなります。

お金が貯まらない人は、もったいない精神が希薄

不要なタクシーや外食などが大きな無駄遣いだとしたら、小さな無駄遣いというのもあります。例えば、使っていない電化製品のスイッチは消す、湯船の温度が下がらないように蓋を閉めるなど。私は、肉や魚などの食材も絶対無駄にしたくないので、賞味期限を確認してから買っています。食べたいものでも、賞味期限以内に食べきれなさそうだったら買いません。ところが、お金が貯まらない人は賞味期限内に食べきれそうかどうかは考えずに買って、切れたら捨ててしまいます。生産者に申し訳ないとも、もったいないとも思わないのですね。

買ったのに使わないものや着ない服が多い人も、お金が貯まらない人の特徴です。使うかどうかわからないけど、安いから買っておこう、という感じで買っています。安くても無駄は無駄です。原則、私は使わないものは買いませんし、買ったものは必ず使います。

電化製品のマニュアルを読まずに間違った使い方をして、寿命よりうんと早く壊してしまうのも、細かい無駄遣いです。私は、マニュアルを隅々まで読んでから使うようにしています。そうしないと壊れやすくて、早く買い替えなければいけなくなるからです。

私はちゃんとポイントやクーポンも利用していますし、買い物をするときは、できるだけ安く買うために直販サイトか、それに近いところを利用しています。検索する手間はかかりますが、無駄に高く買ってしまう可能性があると思えば、手間とも思いません。

大切なお金を「死に金」にする使い方はしない

たまに、どうしてそんなにお金を使わないの？　と聞かれるのですが、使っていないわけではなく、自分が便益を受けないことに1円でも使うのが嫌なのです。**大切なお金を「死に金」にしたくはありません**。便益を受けるものには、わりとお金を使うほうだと思います。自転車は10万円のものにしましたし、バイクも車も値は張るけど安全性能が高いものにしました。

お金を使うとき、これは便益を受ける使い方かどうかを考えると無駄遣いがなくなって、大事に使えるようになると思います。大事に使っていると、お金はちゃんと残ります。それをドルコスト平均法による中長期運用に回せば、お金が貯まりやすくなるわけです。

最近、自分が便益を受けてないところにお金を使ってなかったかどうかを振り返ってみてください。この考え方が身につくと、仕事での評価が上がります。なぜなら、仕事は相手に便益を提供することだからです。評価が上がれば、収入アップにつながるでしょう。

すべての支出は「投資」。プラスのリターンがあることにのみ使う

　例えばですが、栄養があるものを食べることは、健康に投資していることと同じです。体調が整う、体力がつくなどのプラスのリターンを得られます。それに対して、お酒やタバコはマイナスのリターンしか返ってきませんから、投資にはなっていません。このように、**投資になっているのかどうかを考えてお金を使うと、無駄遣いがなくなります。**

　私がこれぞ投資と思うのは、パソコンと周辺機器です。毎日使う仕事道具として欠かせないもので、ディスプレイの見やすさ、速いCPU、タイピングするときの心地いい感覚、という3点は外せません。とことん性能を追求して、40万や50万もするものは買いませんが、少なくとも快適に使えるものを買っています。今のパソコンは、5万、10万、20万円と値段に応じて快適性が上がります。その「快適曲線」のカーブは20万円前後で落ち着いてくるので、私は15万〜20万円のパソコンを買うようにしています。

　YouTubeの動画を撮るための照明や三脚、リモコンなども投資です。パソコンと同様に、こうした仕事道具は、今あるものでどうにかすればいい、と考えるのではなくて、予算の範囲内でよりいいものに買い替えていく＝再投資することが重要です。その結果、作業効率が上がって、成果物の質を上げることができるからです。

　調理家電のホットクックやヘルシオ、煮込み自慢なども、全部投資です。これらがあるおかげで、忙しくても自炊をしやすくなって、

栄養あるものを食べられます。しかもおいしくできるから、外食や
お惣菜を買ってくる気にならず、その分のお金が貯まるのもメリッ
トです。3万～10万円ぐらいしますが、毎日使うものなので、あっ
という間に減価償却できます。

　運動不足を解消するために自転車を買ったり、友達や仕事仲間に
贈り物をするのも、よりよい人間関係というプラスのリターンを得
られるので投資になります。**値段が高いものを買うときにだけ考え
るのではなく、100円、200円のレベルから、これは投資になって
いるかどうかを考える癖をつけてください**。そしてプラスのリター
ンがあって、投資になるものにのみ、お金を使いましょう。その使
い方をする限り、無駄遣いをすることはあり得ません。

服はリターンが少ないからお金をかけない

　我が家のダイニングテーブルに使っている椅子は、ハンス・J・ウェ
グナーデザインのYチェアです。2009年に買って、1脚10万円近
くしました。高いですが座り心地が抜群で、ラクにいい姿勢を保て
ることから、自分の健康にとってプラスのリターンがあると考えま
す。13年間使っているので、1年に換算すると7600円ぐらい。毎
日座っていることを考えたら、大した額ではありません。しかもちゃ
んと手入れをしているので、全然劣化していません。おそらくこの
先10年使っても、このままだと思います。

　いっぽう、私にとって服はあまり投資になりません。服はトレン
ドがあり、気に入って買ったものでも、2回、3回着ると飽きてし
まうものもあります。だから、サブスクのファッションレンタルサー
ビスのエアークローゼットを利用して、そこそこ状態のいい中古で
ほどほどのリターンを得られれば十分だと考えています。

毎日1回以上使うものは高品質にすると幸福度が上がる

「ていねいな暮らし」という表現があります。料理や掃除に手間暇をかける、生活に季節感を取り入れる、自分の心地よさを大切にする、といった暮らし方を意味します。コロナ禍のステイホーム期間中から始めた人も少なくないようですが、**コツは、毎日繰り返し使うものにはそれなりに予算を割いて、高品質にすることだと思います。**

テーブルや椅子、パソコン、調理器具のほか、ベッドや寝具もそうです。1日の3分の1ぐらい使うわけですから、ちゃんといい睡眠が取れるものにすべきでしょう。時計もそうです。私は、時計を結構頻繁に買い換えます。スマートウォッチはだいたい最新版にしていて、その理由は1日中腕につけていて、ありとあらゆることをやらせているからです。私はスマホより、スマートウォッチを多用しています。買い替える頻度は、スマホよりスマートウォッチのほうが高くていいんじゃないか、と思うぐらいです。

また、私は1日3〜5杯紅茶を飲んでいますが、キューリグという機械で淹れています。せっかくならすごくおいしい紅茶にしようと思って、あらかじめカップにお湯を入れて温めることも忘れません。ミルクティーにするときには、牛乳を軽く温めます。

ここ最近で買ってよかったのが、猫の自動トイレです。それまで私は、猫のトイレ掃除を1日3〜5回はしていました。それが自動トイレだと、猫がトイレをすると汚れた砂だけ下のトレーに落ちる

ので、私はそれを1週間に1回ぐらい捨てればよくなりました。値段は確か7万円ぐらいしましたが、ニオイもしなくなり、猫も毎回きれいな砂の上で用を足せるので、いいことづくめです。

お金の使い方のメリハリをつける

逆に、毎日使わないものには、そんなに予算を割かなくていいと思います。最たる例が、サンデードライバーの自家用車です。**平日に車に乗らない人は、車を買う必要はありません。**自家用車は毎日か、2日に1回は乗る人のためのものです。車自体が高い上に、駐車場代やガソリン代など、いろいろかかるのに、週に1〜2回しか乗らないなんて、もったいないにもほどがあります。カーシェアで十分です。

年に数回しか着ないおしゃれ着も、予算を割かなくていい部類でしょう。レンタルで十分かもしれません。価値観は人それぞれですが、5万円や10万円もする高級な服を買っても、年に1回2回しか着ないなら、毎日よく使うものにもっとお金をかけたほうがいい、と私は考えます。

予算の範囲で、毎日よく使うものにはちゃんとお金をかける。滅多に使わないものはお金をあまりかけない。そうしたメリハリをつけると生活の質をボトムアップできて、幸せを感じる時間が増えると思います。

借金は依存症の一種。今の収入を生活の維持だけに使わないこと

借金を繰り返してしまう人や、ほんのちょっと借りるつもりがどんどんふくらんでしまう人、実は結構います。ずっと何かに似ている気がしていたのですが、最近わかったのは、**借金をやめられないのは依存症の一種**だということです。

依存症には特定の物質に依存する薬物依存やアルコール依存、特定の行為に依存するギャンブル依存や買い物依存などいろいろありますが、いずれも短期的な快楽を選んで、中長期的な努力を無視する行為です。努力をすれば、将来大きな快楽を得られるとわかっていても、今の小さな快楽のほうが魅力的だから、将来をトレードオフして犠牲にしてしまう。つまり、時間割引率が高いということで、これと借金を繰り返す人もまったく同じだと思います。

借金をする前に、人に相談したり、人間関係の修復にあたって借金をしないで済む努力をすればいいんですが、その努力ができないから、お金に頼ってしまうわけです。しかも、自分のお金ではなくて人から借りたお金に頼る。借りたものだから返済する必要があるのに、お金が入るとホッとしてしまうのがお金に困っている人の心理です。やっかいなのは銀行や消費者金融で借りる場合で、10万円必要な場合も、最大30万円まで借りられるという枠をもらえることです。

その枠こそ、借金の依存症にさせる巧妙な仕組みです。10万円借りるつもりが30万円借りられると言われると、じゃあ、もっと

借りてみようかな、と思うそうです。実際に借金経験がある人たちにヒアリングしたとき、皆さんが口々に言ったのは「10万円借りたときに30万円の枠をもらえると、10万円の借金ができたのではなくて、20万円の預金ができたような錯覚を起こす」ということでした。それで本当に、ATMでガンガン引き出して使ってしまうというのです。

その結果、返済するけど完済はできなくて、延々と借金が残って利息がかさむようになっていくのです。消費者金融の金利は10％前後という、とてつもない数字です。そうした冷静な判断ができずにお金を借りるというのが、やはり借金は依存症の一種だと思う理由です。

住宅ローンをすると将来の自分に投資できなくなる

住宅ローンも借金していることに変わりないけど、例外にしていいだろう、という意見がありますが、私は同意しかねます。住宅ローンについては、かねてから注意喚起しています。昔のように、土地の値段がどんどん上がっていたときは、住宅ローンを組んでも問題ありませんでした。が、今のように土地の値段が上がらないどころか、場所によっては下がる時代において、**ローンを組んで借金するというのは、わざわざ自分を依存状態に陥れることと同じ**だと思うからです。

また、住宅ローンを組むと、返済期間を少しでも短くしようとするあまり、経済的な余裕がなくなるのも問題です。今の収入を、今の生活の維持だけに使ってしまうと、ドルコスト平均法による中長期運用ができないだけではなく、将来、自分の価値を上げる可能性があるものに投資できません。すると、自分の価値が上がらないか

ら、収入も上がらない→いっこうに将来に投資できない→ますます収入が上がらない、という悪循環から抜け出せなくなるのです。

これは、無理して高い賃貸物件に住んでいる人にも当てはまります。今、高い家賃を払っていても、将来の自分の価値の向上と収入アップにつながりません。**それならば多少不便でも、家賃が安いところに住んで、将来のために使えるようにしたほうが賢明**です。

おかげさまで、私が今住んでいる家は駅から近くて広さも十分ありますが、以前住んでいたところは全部、駅から遠くて、古い物件ばかりでした。一番近くて、駅から15分超。安い家賃で、希望する広さと設備を兼ねそなえた物件となると、駅から遠くて古いところになってしまいます。でも、それらは私の将来の価値に、なんの影響も及ぼしません。むしろ、**家賃を安くした分の差額で本を買ったり、セミナーを受けたり、健康増進のために自転車を買うなど、将来の自分の価値を上げることができました。**

ぜひ一度家計を見直して、今の収入を、今の生活の維持だけに使い切らないように、できるだけコスパがいいものに切り替えてみてください。くれぐれも、その努力を惜しんで借金をしないように。

巷には、貸金業の広告であふれています。つい手が伸びそうになったら、借金は依存症であることを思い出して、この広告は依存症のビジネスモデルなんだな、と解釈しましょう。そうやって、借金をすることから自分を遠ざけてほしいと思います。

どうしても借金しなくてはいけないときは、枠いっぱいに借りたりしないで最小限にし、一刻も早く返済するのが鉄則です。すでに借金苦に陥っている人は専門家に相談して、少しでも早く抜け出す計画を立ててください。

LIFE HACK 51

浪費してしまう
本当の原因を探ろう

　浪費がもっとも生じやすいのは、ストレスが溜まっているときです。仕事で評価されたり、人間関係がうまくいっていたら、自分を特別に癒やしたいとも、誰かに労ってもらいたいとも思わないから、浪費することはないでしょう。ユニクロやGU、イオンなどで買った普通の服を着て、自炊した普通のご飯を食べて、たまに映画館に行ったり、旅行に行く、という普通の休日を過ごせるだけで、十分幸せでいられます。

　浪費するのは仕事がうまくいっていなかったり、人間関係でこじれているときです。自分を癒やさないと気が済まない、とにかく誰かに労ってもらいたい、という欲求を手っ取り早く満たすには、お金を使うのが一番簡単だからです。

　高価な品が並ぶブランドショップで買い物をすると、お店の人がすごくていねいに接客してくれて、自分が大事にされている感じを味わえます。店を出るときには、深々と頭を下げて送り出してくれて、まさにセレブ気分です。あそこまでされたら、ほとんどの人が気分がよくなると思います。

　高級レストランでも同じで、自分がすごくもてなされている感じを味わえます。近所のファミレスに行って、もてなされている感じを味わえる人は少ないと思いますが、客単価が2万〜3万円を超えてくると、レストラン側にすごく歓迎されている感じを得られるわけです。

買い物は心の穴を埋める効用がある

　テレビ通販を見ていてつい買ってしまうという人も、ストレスが溜まっている可能性が高いでしょう。テレビ通販に関わっている知り合いに聞いたところ、メインユーザーは地方に住むお金持ちの専業主婦だそうです。地方というと立地的に、近くに買い物を楽しめるお店は少なく、また、専業主婦の場合は世間体を気にしてあまり出歩かないようにしているのだとか。自ずと、行動範囲も交友関係も狭まります。そのストレスを手っ取り早く解消できるのが、テレビ通販ということです。

　さらに特徴的なのは、高価なバッグを1点買うのではなく、手軽な値段のバッグを色違いで5色全色買う、といった買い方をするようです。まさに浪費という感じですが、それで満たされる気持ちは想像がつきます。

　私は、ゴルフの腕が上達しないでイライラすると、新しいクラブを買ってしまうのです。腕が悪いのは私のせいなのですが、ついクラブが悪いせいにしたくなります。それで新しいのを買うと、その瞬間は心が落ち着くわけです。つくづく買い物には、傷ついた心を癒やしたり、満たされていない心を埋める効用があることを痛感します。

　それが浪費をなくす難しさだと思います。生活に支障がない範囲で、年に1～2回する分には問題ありませんが、仕事や人間関係がうまくいっていないときは浪費しがちなことを自覚しておきましょう。そして、**浪費しそうになったら一息ついて、不満に思っていることは何かを考えてください**。浪費は代替行動にすぎないことに気づければ、本当の不満の解消に着手できると思います。

4

人付き合い戦略ハック！
目に見えない資産が一番大切

「7つの習慣」の1つ、信頼残高を積み重ねる

年を取れば取るほど、幸せな人間関係を築けるたった1つのポイントは、「信頼残高」を積み上げることです。

信頼残高とは、国際的に高く評価されるリーダーシップ論の権威であるスティーブン・R・コヴィーさんが『7つの習慣』で提唱していて、知っている人も多いでしょう。人間関係における信頼感の強弱を、銀行口座の残高にたとえたもので、信頼が増す行為を「預け入れ」、信頼を損ねる行為を「引き出し」と言い、相手の中にある信頼口座の残高を増やすことが大事だと説いています。

私たちは知らず知らずのうちに、自分と相手の間に信頼の積み立てを行っています。例えば、嘘をつかない、約束を守る、思いやりがあって親切である、協力し合える、という人とは、おおらかな気持ちで接することができて、互いの信頼残高が自然と増えていきます。この関係が長く続くことを望んで、ずっと仲良くしていたいと願います。こんなふうに信頼残高を常にプラスに保てる人は、いい友達やいい同僚、いい上司、いい取引先、いいパートナーという感じで、いい人間関係の輪が広がっていくでしょう。

逆に、しょっちゅう嘘をつく、約束を破る、人を利用する、お金を借りても返さない、安心して頼み事ができない、という人は、相手に不信感を与えて、自分の信頼残高を減らしていきます。学生時代の友達や昔の会社の同僚など、若いときは気が合う仲間でいられた人も、時間の経過や環境の変化で信頼残高が減っていくと、誘わ

れても、ちょっとその日は都合が悪いとか、先約があってとか言って、行かなくなるものです。加えて、自分からその人を遊びに誘うこともなくなって、徐々に情報交換もしなくなり、自分のネットワークに入れなくなります。だいたい2年から3年、長くても5年くらいで付き合わなくなるものでしょう。

　相手の信頼残高がゼロになった瞬間、あるいはマイナスになった瞬間に、私たちはその人と付き合うのをやめます。信頼残高がマイナスの人と一緒にいるには、我慢したりフォローする必要が出てきます。それは、自分の信頼残高を相手に与えているも同然で、精神的な負担が大きいことです。その負担を負ってまで一緒にいたいと思う人はかなりまれで、だから信頼残高が減っていく人は人間関係も縮んでいくのです。

互いの信頼残高はwin-winの関係で積み上がる

　金融資産は一定額以上貯まると、金利が複利でつくので、元金を増やさなくても、残高はどんどん増えていきます。人間関係における信頼残高も同じで、**一定量積み上がると、自然に振る舞っているだけで信頼が信頼を呼ぶようになります**。なんの努力も苦労もなしに、十分信頼されるようになり、人間関係も広がります。

　もし今、満足いく人間関係を構築できていないとしたら、自分の信頼残高を見直して、周りの人の信頼残高をチェックしてみてください。互いに信頼残高を積み上げられるのは、信頼残高が十分にあるいわゆるwin-winの関係です。一方的に自分が搾取されるわけでも、相手から搾取するわけでもありません。この点に気をつけながら日々の生活を営んでいくと、人脈に恵まれるようになり、しいては幸せな中高年、幸せな老後につながると思います。

人から選ばれるために
必要なこと

　人間関係をよくしたいと思ったら、まず、自分の体調を整えて、機嫌をよくしておくことが基本です。体調と機嫌がよければ少々嫌なことがあってもスルーできますし、嬉しいことは素直に喜べるからです。そういう人とは、安心して接することができます。その心理的安全性こそ、人から選ばれる第一条件です。

　私たちの人間関係も、安全第一なのです。肉体的にはもちろん、精神的にも危害を加えられたくないし、恐怖や怒り、不安も与えられたくありません。その場の空気を壊す人も警戒しますし、嫌味を言って攻撃する人や、足を引っ張ろうとする人も敬遠します。そういうことをしないで安全である、という基本保障をすることが、人から選ばれるために欠かせません。

　安全でない相手と一緒にいると、空気を壊すんじゃないか、攻撃されるんじゃないかと気が気でなく、リラックスすることも楽しむこともできません。もし親族であっても、そういう人とはちょっとずつ遠ざかっていくしかないかな、と思います。これは個人の判断なので、どこまでリスクを取るかは人それぞれですが、私ならそうすると思います。

　お金持ちの人がどうしてお金持ちとしか付き合わないかというと、どれだけ稼いでいるのかとか、おごってくれとか言われる心配がなくて、心理的安全性を保てるからでしょう。普段の生活の話をして、自慢話に捉えられる心配もありません。

コスパが悪い人は選ばれない

　安全であることは人から選ばれるために欠かせませんが、基本条件にすぎず、安全だけれども、こっちから話を振らないと会話が続かない、という人は選ばれません。なぜなら、一緒にいて楽しくなく、相手に、黙っているのは機嫌や体調が悪いせいなのか、などと気を使わせるからです。

　すなわち、コストパフォーマンスが悪いということ。この場合のコストとは金銭的な費用という意味より、気持ちの労力という意味を指します。**そうしたコストがかからなくて、一緒にいて楽しくて、面白くて、役に立って、といろいろなメリットがある人は、多くの人に選ばれます。**

　私たちが買い物をするときは、できるだけ低価格で高品質のコスパのいいものを選ぶようにします。それで買ってよかったと思うものをリピートします。それとまったく同じで、人間関係も労力がかからなくてメリットが大きくてコスパがいいことが、関係性が続くコツです。メリットを大きくする付加価値は、話題が豊富、面白いことを言って笑わせてくれる、気配り上手、アイデアが豊富などのほか、オシャレでセンスがいい、ということも含まれるでしょう。

　もっとも、黙っていると選ばれないからといって、自分の話ばかりするのもNGです。相手の話は同調しながらちゃんと最後まで聞いて、それについての感想を言った後、自分のことを話す番になって初めて話す、というのが大人の会話の進め方です。相手が話している途中で、「わかるわかる、実は私もこういう体験があってね」と自分のことを話してはいけません。共感するとつい話したくなるものですが、相手が話す機会を奪うことになるからです。話すのは、相手の話が終わってからです。

相手の話を聞くことは情報収集していること

　私たちは相手が話している間に何をしているかというと、ただ相手の話を聞いているのではなく、自分の話をどこで挿入するかという文脈で聞いているのです。私がこのことに気づいたのは、50代になってからでした。それ以降、相手の話はちゃんと最後まで聞いてから、自分の話をするように気をつけています。

　特に若いうちは、自分の話を聞いてほしくて仕方なく、自分、自分となりがちですよね。やたらと自分語りをするのは、若さの特権と言えばそうですが、いつまでもそれをしていると、自分のことばかり話す人で楽しくない、と思われかねません。話の内容によっては自慢話と取られることもあるので要注意です。

　会話は相手の話があって進むもの、と認識し直すと、話を聞くことが情報収集になるので新たな楽しさが増えます。自分語りをしているときは、自分から情報が出ていくだけで、新しい情報が入ってきませんが、相手の話を聞いているときは、必ず新しい情報が入ってくるものです。

LIFE HACK 54

過度な我慢は他人も傷つける

　普段の生活の中でしたいことがあっても、立場や協調性、社会的な要請などの問題で、するのをあきらめることがあります。逆に、したくないけど渋々することもあります。いずれの場合も我慢をしているわけですが、我慢は本心と相反するため、自分を傷つける行為です。その傷を癒やすために、他人を傷つける人が結構います。

　コロナ禍の初期に出現した「マスク警察」が典型で、自分も我慢してマスクをつけているんだから、みんなも我慢してマスクをつけろ、と考えます。マスクをつけていない人を見ると、我慢していないことが許せません。だから、取り締まりのような強い口調でしか注意できず、相手を傷つけた気になって、傷ついている自分とのバランスを取るわけです。他人を傷つけない場合は自己治癒ということで、スイーツやお酒に頼って発散することに。いずれにしても、過度な我慢は自他ともに傷つけることが明らかです。

　円滑な社会生活や良好な人間関係を築くためには、ある程度の我慢は必要です。資格取得やノルマなどの目標を達成するときも、したいことを我慢して頑張らなくてはいけないときがあります。ただ、くれぐれも過度な**我慢は自分を傷つけるだけでなく、他人も傷つける可能性があるので、我慢は美徳ではないことを覚えておいてください**。ストレスになって、心身に負担をかけます。

　もし他人を傷つけたくなったら、何かを我慢しすぎている反動ではないか、と疑う癖をつけると、踏み留まれると思います。

友達付き合いは なぜ最高の娯楽なのか

友情はお金で買えるものではなく、友達こそ本物の財産だ、ということがよく言われます。加えて私は、友達付き合いは最高の娯楽だと思っています。なぜ最高の娯楽になり得るかというと、利害関係がないからです。

私たち人間は1人では生きていけない生き物です。先祖代々、いろんな人と関わって、助け合ったり支え合うことに喜びを感じる人たちの子孫しか生き残っていないので、高い社会性を備えています。そのおかげで仕事上でも円滑な人付き合いができるはずですが、仕事の関係者とはお金がからんでくるため、利害関係が生じます。上司の言うことは聞かなければいけない、取引先の人たちに理不尽な要求をされても怒ってはいけないなど。夫婦や親子関係にも、意外と利害があるものです。縁を切らないことが前提になった関係ゆえの縛りがあって、法的措置を取らないと自由の身にはなれません。

それに対して友達が何がいいかというと、お金がからまず何の縛りもなく、友情はあっても愛情はない点です。**つかず離れずの程よい距離感で、20年でも30年でも仲良くしていられるから、最高の娯楽になるのです。**

私がゴルフが好きな理由の1つとして、運動と友達付き合いという娯楽を兼ねていることを挙げられます。だから、楽しく長く続けられているんです。ジムに1人で行って黙々とトレーニングをする、というストイックな運動の仕方だと、ちっとも楽しくないので続き

ません。続けるには、友達付き合いという娯楽的な要素が必要。これは私だけではなく、多くの人が共感するところでしょう。三日坊主防止アプリの「みんチャレ」を使うと運動やダイエットの目標を達成しやすいのも、仲間で励まし合えることが娯楽になっているからだと思います。

人生には、仕事も家族も、友達も必要

良好な友達付き合いを保つには、お金の貸し借りと、仕事の紹介はしないほうがいいと思います。人の紹介までなら利害関係が生じないのでギリギリOKですが、お金の貸し借りと仕事の紹介をするのは友達ではなく、もはや取引先です。そうやって区別をつけると混同することなく、貴重な友情を壊さずに済むと思います。

私たちはどうしても、自分や自分の家族の生活がかかっている仕事を優先して考えがちです。仕事が入ったら、友達との約束を当然のように断ります。しかし、それを続けていたら、友達という財産を失いかねません。それは人生における最高の娯楽を失うことを意味する、ということを認識すべきです。発想を逆転させて、仕事は生活だけではなく、友達と楽しむため、遊ぶためにもしていること、と考えてもいいかもしれません。

もちろん、四六時中友達と遊んでいたら飽きるでしょうし、家族と過ごす時間が恋しくなり、仕事を通じて社会貢献もしたくなるはずです。だからと言って、家族に100％尽くす、あるいは仕事に100％集中する、となると燃え尽き症候群になってしまいます。娯楽としての友達付き合いをほどよく混ぜることが、人生を充実させるカギだと思います。

悪口を言う人との 付き合いはほどほどに

　私たちは社会的な動物なので、人との関係性の中でしか生きられません。周りの人は自分のことをどんなふうに思っているんだろう、どのように評価しているんだろう、ということが気になって仕方ありません。自分が望む通りの評価を得られれば満足できますが、そうでない場合、不満が生じます。それを言葉にすると、悪口になります。

　はっきり言って、人に対して悪口を言いたくなることなんて、いくらでもあります。この世に、悪口を一度も言ったことがない人はいないでしょう。打ち合わせや会議で意見が食い違う人がいたら、あの人の考え方はおかしいと言いたくなるし、上司にねちねちとミスを指摘されたら、自分がミスしたことを棚に上げて腹が立つこともあります。仲のいい友達や家族に対してだって、悪口を言いたくなるときがあるものです。

　このようにいくらでも悪口の種はあるのですが、それを心の内にしまって、きっとあの人なりの考え方があるんだろう、上司が嫌味っぽいのは今に始まったことじゃないしな、などと自己完了することもできます。言い換えると、**自己制御能力や自己管理能力が高いから、悪口を言わずに済むわけです**。逆に、自己制御能力や自己管理能力が低いと、悪口を言わずにはいられないのです。

　悪口の怖いところは依存症になることです。悪口を言うと、憂さが晴れたようにスカッとします。でもそれは一瞬のことなので、す

ぐにまた悪口を言いたくなります。すると、人の粗探しをするようになります。人にはいいところと悪いところの両方があるのに、悪いところしか見られない人になり下がるのです。

　イライラが溜まると人の粗探しをして、悪口を言ってスカッとするということを繰り返すのは、悪癖以外の何物でもありません。誰かに言うだけでは飽き足らず、SNSに書き込む人もいます。中には、あえて個人と特定できる形で書く人もいます。それは、友達に限定して投稿したとしても、人として問題のある行為です。そんなことをして、人からどう思われるのかを考えないのか、と疑わずにはいられませんが、それが自己制御能力や自己管理能力が低い所以でしょう。考えないのではなく、考えられない、というのが正解だと思います。

悪口を言っていると運気が下がる

　人前で裸になる大人はいません。恥ずかしいし、カッコ悪いですよね。私のイメージの中で、人前で裸になる人と人の悪口を言う人は同じです。**そんなに恥ずかしくてカッコ悪いことをし続けていれば、評判が下がって当然ですし、人が離れていく結果、チャンスも巡ってこなくなって運気も下がるに違いありません**。よく、悪口を言うと自分に跳ね返ってくると言われますが、まったくもってその通りだと思います。

　そういう人と一緒にいると、自分の運気も下がるリスクがあるので、私は必要最低限の付き合いで留めています。悪口をよく言うから、ということを理由に関係を切る必要もありませんが、積極的に付き合うこともない、という距離感を保つようにしています。

他人に口出しする人は
関わらなくていい人

　私から見ると、多くの人が人の目や人の意見を気にしすぎていると思います。自分は世間からどう見られているのか、あの人の目にはどう映っているのか、上司は本当はどう思っているのか、友達に陰で何か言われていないか……etc。

　そういう感じで、常に、自分の存在ややりたいこと、意見に対して、他人はどう見ているだろう、どう思っているだろう、という文脈の中で生きてしまっている人が多い気がします。自分らしさを大切にしたいのなら、その文脈から抜け出したほうがいいと思います。

　抜け出すには、次の2つを意識してください。1つは、**人は他人を見ているようで見ていなくて、そんなに気にしていない**、ということです。例えば、今日1日を振り返ってみて、自分のことを考えていた時間と、他人のことを考えていた時間は、何対何くらいになるでしょうか？

　私のイメージでは95：5くらいで、95％は自分のことを考えていて、5％くらいで他人のことを考えている人が多いと思います。しかも、他人のことを考えている5％も、自分との対比や自分との関連で考えることが多いので、完全に相手のことだけにはなっていません。つまり、自分が意識するほど、誰にも見られていないということです。もちろん瞬間的に見られることはありますが、よほどのインパクトを与えない限り、相手の記憶には残りません。

　2つ目は何かというと、**他人に干渉して口出ししてきたり文句を**

言ってくる人は、だいたいにおいて関わらなくていい人、ということです。頼んでもいないのにお節介を焼いてくる人も、関わってもあまりいいことがありません。

注意すべきは、「あなたのためを思って」という人。あれは嘘です。あなたのためを思ってと言いながら、あなたに嫌味や悪口を言ってストレスを解消しているだけです。ストレス解消のはけ口に使われないために、そういう人とは距離を置くことをおすすめします。

人の目を気にするのではなく、人の目を活用する

聞いてもいないのに口出しをしてきたり、頼んでもいないのにお節介をしてくる人とは関わらなくていいですが、人の目を上手に活用する方法があります。

人間は元来、怠け者でラクをしたい生き物なので、なるべく労力を使いたくなくて、できるだけ簡単なことしかしたくありません。そんな私たちが自分を律して生活習慣を整えたり、中長期の目標を立てて達成したり、人の役に立とうと思うのは、人の目を意識するからです。だから社会的な生活を送れる、といっても過言ではないでしょう。かりに社会的な生活を放棄して、存分に怠けることができても、身なりはだらしなく、お金もない状況になってしまったら、したいことを自由にできなくなってまったく楽しくありません。

そうならないように自分を律するとき、人の目という外部の力を借りたほうがラクにできます。自力でモチベーションを作り出そうとすると疲れるし、持続する力としては物足りません。だから、自分を律したいときだけ、人の目を意識するといいわけです。**人の目を気にするのではなく、活用する**。人の目を応援団と思うといいかもしれません。

人から親切にされる人と、ぞんざいに扱われる人に分かれる

　仕事でもプライベートでも、人から親切にしてもらったり、親身になってもらえるほうが嬉しいですし、物事がスムーズに運びます。どうやったらそういう人になれるのかというと、「社会的選択」という概念を知ることがカギになります。

　私たちは日常的に、見ず知らずの人に道を教えたり席を譲ったり、ドアを開けて押さえておく、といったことをしていますが、実はそのとき、無意識に相手を選んでいるそうです。これは数々の実験でわかっていることで、例えば、身なりがきちんとした人に親切にすると、すごく喜んでもらえるんじゃないか、ひょっとしたらその人からよりよいことが返ってくるんじゃないか、と期待できるから、進んで親切にするわけです。言わば、うっすらとした下心です。なんとも現金な話ですが、うっすらとした下心が満たされそうな相手に親切にすることを、社会的選択と言います。

　レストランで、ドレスアップした人ほどいい席に通されるのも社会的選択です。私は逆の意味での社会的選択を、銀座の某デパートのラウンジで受けたことがあります。

　私は、そのデパートのカードを持っていて、年に1回ラウンジを使える券が送られてきます。一番いいクラスのカードではなく、二番目のカードで、年会費5000円のもの。近くのゴルフ教室や美容院に通っていて、駐車場を1時間タダにする権利が欲しいがために入会しました。毎回駐車場代を払うより、年会費を払ったほうが安

く済むからです。それでラウンジの券が期限切れになりそうだったので、もったいないから行ったわけです。

　そのときもゴルフの練習に行くつもりだったので、上下GUの服で白いパンツと黄色いセーターみたいなラフな格好でした。そうしたら、ラウンジで一番端っこの席に通されてしまいました。店員さんから、人目につく真ん中の席には座ってほしくない、というオーラがビシビシ出ていました。

相手に心理的な負担を与えない気遣いをする

　思わず笑ってしまうくらいあからさまで面白かったんですが、そのときの私の服が上下GUでなく、かつ、一番いいクラスのカードを持っていたら、そんな扱いではなかったと思います。

　本来、一流店では、相手の外見で判断してはいけないことになっています。その人が、どのくらいお金を使う人かは外見で判断できないからです。が、このときは、せめてエアクロでレンタルした服を着ていけばよかった、と反省しました。なぜなら、人から親切にされたり、よりよい待遇を受けるには、相手に心理的な負担を与えない気遣いが必要だからです。このときの私は気遣いができていなかったから、社会的選択から洩れてしまったのです。

　それなりの服を買うにはコストがかかり、行く場所を考慮してコーディネートを考えたり、化粧をするのは時間がかかります。どこまでやるかは人それぞれの予算と価値観によりますが、少なくとも嫌々端っこの席に通されるような目に遭いたくなければ、適度に身だしなみを整える必要があります。そうすることで、**ぞんざいな扱いを受けずに済み、自分が気分よく過ごせる**、ということも無視できないポイントです。

LIFE HACK
59

勝間流SNSの活用法！
自分発信の情報共有は
幸せのもと

　自分発信の情報共有というのは、いわゆる口コミのことです。普段の生活で目から鱗が落ちたことなど、これはほかの人にも役立つ情報だと思ったら、SNSや雑談で積極的に情報共有することをおすすめします。**他者に貢献したい、という思いからする利他的な行為なので、繰り返し続けると、自分のファンになってくれる人や応援者が集まってくる**からです。

　ファンや応援者になってくれた人は、お返しとして、自分もいい情報を得たら教えくれるようになります。返報性の法則が働くためで、すると次第に信用できる情報網が出来上がります。面白い人がいたら紹介してくれたり、ビジネスのヒントをくれることもあるでしょう。私の場合、有料メルマガに登録してくれたり、本を出したときに買ってくれることにもつながっています。

　もちろん、そうした見返りを求めて、情報共有しているわけではありません。情報ありがとう！　すごく役に立った！　と言ってもらえるだけでとても嬉しいことだからです。ただ何も求めてなくても、何か返ってくることのほうが圧倒的に多いことは事実です。

　具体的にどんな情報共有をしているかというと、例えば福岡空港に行ったときのこと。クレジットカードを持っていると無料で使える空港ラウンジが、以前は保安検査場の外にしかなかったのですが、中にもできていました。加えて、利用できるカード会社の制限があって、VISAは使えませんでした。それで私は、カバンの奥底からJCB

のカードを引っ張り出してラウンジに入り……。というような話を
SNSに逐一上げて情報共有しておけば、私の後に福岡空港に行く人
は困らなくなるわけです。

　また、ドコモのdカードのクーポンについても情報共有したこと
があります。dカードは、1%前後のポイントがつくだけではなく、
一定額以上使うとクーポンをもらえます。年間100万円使うと1万
1000円、200万円使うと2万2000円のクーポンを送ってくれます。
それが封書でなく、あるときからハガキに変わったのです。ダイレ
クトメールと間違えて、危うく捨てるところでした。聞けば、紙資
源を節約するSDGsの一環だとか。きっと私と同じように捨てそう
になる人もいると思い、dカードのクーポンはハガキに変わったの
で注意しましょう、とSNSに上げました。

できるだけリアルタイムの情報共有を心がける

　前々から私は一次情報の重要性について話していますが、この信
頼できる人同士の情報共有も一次情報になります。一次情報は体験
した本人が直接伝えるためリアルです。マスコミの情報も基本的に
は信頼できますが、スポンサーによっては言えないことなどがある
ため、情報が歪みやすい性質があります。だからこそ、自分が体験
したことをそのまま情報共有できる仲間を持っていると、安心なの
です。フェイクニュースが多くて何を信じたらいいのかわからない
ときの判断材料にもなります。

　**ぜひ、自分が体験したことや気づいたことで、ほかの人の役にも
立ちそうなことがあったら、情報共有するようにしましょう。**あま
り時間を空けずに、できるだけリアルタイムで共有するようにする
と、新鮮な情報としてより喜ばれます。

LIFE HACK 60

マウンティングの対応法、スルーするか反論するか

マウンティングとは、人に対して自分が優位だということを示して、優越感にひたろうとする行為のことです。私たちは社会的な動物で、人と比べずにはいられない生き物なので、誰の心にもマウンティング欲求は潜んでいます。ただ欲求の赴くままに行動すると、相手の恨みを買いますし、人間関係を壊すことになるので控えたほうが賢明です。

この世のありとあらゆることには、序列づけがあります。 その序列づけについて、みんな感覚的に察知しています。例えば、この会社の序列は上のほうとか、年収はこのレベル以上が上のほうとか。持っている資格や車、住んでいる地域や家、出身校でも序列はあります。マウンティングしてくる人というのは、そうした序列に対して満足できていなくて、自分はもっと上なんだ、ということをアピールするためにやっていると理解するといいでしょう。ある意味、コンプレックスからくる行動です。

だから、本物のお金持ちはお金を持っていることをひけらかしませんし、本当にゴルフがめちゃくちゃうまくてハンディキャップがシングルの人も、シングルであることを自慢しません。中途半端にうまい人ほど自慢してきて、スコアが90くらいでポテポテやっている私に対してマウンティングしてきます。

バイクでも同じことがありました。本当に運転がうまくて、大型を乗りこなしている人には、何も言われたことはありませんが、自

分ではベテランのバイク乗りのつもりだけど、周りにそれを認めてもらえない中途半端な人ほど、私みたいなポッと出の素人が大型バイクに乗るのはけしからん、と。ああだこうだと言ってくる人がいましたが、基本的にスルーして相手にしませんでした。

スルーして相手にしないか、しっかり反論するか

スルーして相手にしないことが、マウンティングしてくる人に対する対処法の1つ目です。マウンティングされて踏みつけられれば不愉快ですが、相手は序列が中途半端に上の人だから仕方ない、と自分が一段上に立って距離を置くわけです。

もう1つの対処法は、**しっかり反論すること**です。言われたことのすべてに対して細かく反論すると、相手は面倒臭くなるのか、マウンティングしてこなくなります。反論するときの気持ちの下地として、マウンティングしてくる人は上に行きたいけど行けない"かわいそうな人"なんだな、という思いがあると、感情的にならずに冷静に反論できるでしょう。反論しながら、マウンティングしてくる人たちが愛らしく見えてきたら、反論するのをやめて、そうだね、そうだね、と同意してあげると、相手のマウンティング欲求は自然と収まります。

私たちは人と優劣をつけたがる生き物ですが、それは心の中だけでするようにしましょう。心の中では、何を思っても自由です。決してそれを外に出さなければOKです。どう思う？　とアドバイスを求められたときも、本音をストレートに言うのではなく、控えめに言うことをおすすめします。親しい間柄でも、相手が気を悪くしないように防衛線を張って遠回しに言うと、反感を買いません。相手を傷つけたかもしれない、という罪悪感も抱かずに済みます。

友達が増える
趣味を持つことは
将来の投資になる

　婚活サービスで結婚相手を探すよりも、趣味のサークルで結婚相手を探したほうが長続きしやすくて、自分に合った相手が見つかりやすい、という話を聞いたとき、妙に腑に落ちた記憶があります。結婚相手に限らず、趣味を介した付き合いは、共通の話題で盛り上がることも多く、結びつきを強くしてくれます。趣味仲間と一緒に遊ぶと、我を忘れるフロー体験（没頭）ができて、本当に楽しいものです。遊びは、人生において仕事と同じくらい大事であると痛感します。

　もし、誰かと一緒にできる趣味がない人は、まずは1つ持つことをおすすめします。**趣味は1人で楽しみたい、と考える気持ちもよくわかりますが、そのほかに人と楽しめる趣味も持ってください。**できるだけ早いタイミングで始めたほうが友達の数が増えるうえ、長い友情関係を築けて、60代、70代、80代になったときにも楽しめて、孤独を感じにくくなります。

　できるだけ早く始めるといい、というのは、ドルコスト平均法による中長期運用を始めるタイミングと一緒です。**100歳時代において友達は必要不可欠な財産で、確保しておきたい人的資産です。**給料の10〜20%を運用に回すのと同様に、日常生活の10〜20%を趣味に費やしてもいいかもしれません。金融資産が安定して増えるのに5年かかるように、気の合う友達を探して、仲良くなるにはある程度の時間がかかります。

理想は、友達が増える趣味を3つくらい持っていることです。私の場合、麻雀とゴルフとボードゲームがその3つになります。麻雀は、学生時代は少しやった程度でしたが、40代半ばになってハマり、頑張って「プロ雀士」の資格を取得しました。ゴルフを始めたのも40代で、ゴルフを通じてできた友達は100人、200人、もっといるかもしれません。本当に友達の輪が広がって、今でも週に1〜2回、一緒にプレイしています。

ボードゲームはコロナ禍ではあまりできませんでしたが、以前は大勢を集めて「カタン」や「人狼」などの大会も主催していました。ボードゲームは初対面の人とも自然と会話がはずんで、楽しくワイワイしている間に友達になれます。興味がある人は、ボードゲームカフェに行ってみてください。

たくさん友達がいたほうがいい理由

ジョギングやテニス、ボウリングも、人と一緒にできる趣味です。人と一緒にできることならなんでもいいので、とにかく1つ始めましょう。そして、たくさん友達を増やしましょう。どうして友達を増やしておかないといけないかというと、一定年齢になると亡くなる方が出てくるからです。友達の数が少ないとすぐ孤独になってしまうので、たくさんいることが「保険」になります。

趣味にはお金も時間もかかるからしない、という考え方もあると思いますが、**趣味を通じて友達が増えて、遊びの時間を持つことで人生が充実し、そのうえ老後に孤独にならずに済む**、といったメリットにぜひ目を向けてください。もちろん予算の範囲内ですべきですが、趣味を持つことは今を楽しむだけではなく、将来の投資になるわけです。心と体、頭の健康を保つ最適解とも言えます。

LIFE HACK 62

自分の当たり前と
人の当たり前は違う

　玄関の靴は揃える、洋服は洗濯表示の通りに洗う、待ち合わせには遅くても5〜10分前に行く、遅れそうなときは必ず連絡を入れる、数十円、数百円単位でお金の無駄遣いをしない、など。これらは私が当たり前と思ってしていることですが、みんながみんな当たり前と思うことではありません。人によっては、わざわざそうする意味がわからないということもあるでしょう。当たり前に思うことには「正解」がないので、それぞれの考えを尊重するしかありません。当たり前と思うことが似ている人同士は気が合いますが、まったく違うからといって責めてはいけません。**よかれと思って、こうしたほうがいいよ、とアドバイスする**ことも厳禁です。

　相手から求められていない以上、自分の意見を押しつけることになって、相手に心理的な負担を与えてしまいます。それを私は「アドバイス罪」と呼んでいます。SNSでも、○○についての情報を募集しています、という人に対しては積極的にアドバイスしたほうがいいと思いますが、単なるつぶやきや感想に対しては、それは違うよとか、こうしたほうがいいよと言うのは、形を変えたマウンティングになると思います。

　私のアメリカに住む友達が、かなり前に作ったkindleのアカウントで久しぶりに日本の書籍を買おうとしたら買えなくなって困った、ということをSNSに投稿していたことがあります。それに対して見ず知らずの人からも、このやり方だったら買えるはず、あのやり

方は試したか？　という投稿が続々とあって、友達いわく、それら
の方法はすべて試した後だったから、正直鬱陶しかった、と言って
いました。この気持ち、わかりますよね。求めてないアドバイスで
もお礼を言わなくちゃいけないと思うと、心理的負担になるからで
す。

　このSNS上の「アドバイス罪」の対処法についていろんな人に聞
いたところ、ほとんどの人がスルーしてコメントを返さなくていい、
という意見でした。あまりにしつこかったり、自分のほうが絶対詳
しい、などと上から目線でマウンティングと化している場合はブ
ロックを検討しましょう。

「アドバイス罪」はお節介の一種

　アドバイス罪はお節介の一種で、意見を求められていなくても、
したほうがいいときがあります。相手が不利益を被ることがわかっ
ている場合で、事故で電車が止まっているのをホームに向かう人に
教えてあげたり、詐欺に引っかかっていることを気づかせてあげた
りなどです。何はアドバイスしてよくて、何はダメなのか、と考え
出すと判断が難しいものもありますが、「アドバイス罪」という概
念を持っていると、なんでもかんでもアドバイスすればいいわけで
はない、というスタンスを保てると思います。うっかり誰でも知っ
ているような一般論を伝えたり、自分の考えを相手に押しつけるこ
とはなくなります。

　**していいアドバイスも、相手の立場や気持ちに立って、このアド
バイスは喜んで受け取ってもらえるか、鬱陶しいと思われないかを
考えてください。**そして前者の場合のみ、ひょっとしたらこうする
のはどう？　とマイルドに提案することを心がけましょう。

人や世の中に対して「こうあるべき」と期待しない

　私たちは無意識のうちに、相手に対してこうしてくれるべき、という期待を抱いてしまいます。その期待通りに相手がやってくれないと、腹が立つわけです。飲食店の店員さんは速やかに席に案内するべき、席についたら水を持ってくるべき、注文したら10〜15分以内に運んでくれるべき、など。

　家庭でも、部屋を片付けておきたい人とそうじゃない人がいて、片付けておきたい人は散らかされると腹が立ちます。でも、散らかっていても気にならない人にとってその怒りは理不尽そのもので、この程度のことで怒るべきではない、と思うわけです。**いずれにせよ、私たちは「こうあるべき」と思って相手を見ていて、その「べき」は人によって違うことを認識する必要があります**。気が合う人とはこうあるべきと思うことも似ているため、あまり衝突しませんが、それでもまったく同じ考え方の人ではないでしょう。

　また、「こうあるべき」ということは国や地域によっても変わります。海外の多くでは、電車やバスが時間通りに来ませんが、そのことを怒っている人はいません。なぜなら、日本人のように時間通りに来るべきもの、という期待がないからです。交通事情によりけりだからしょうがないよね、と考えるわけです。そうした寛容さを持ち合わせると、怒ることが減るでしょう。人や世の中に対してこうするべき、こうあるべき、と思ってしまったら、ま、しょうがないか、と心の中でつぶやいて自分をなだめる習慣を持ちましょう。

LIFE HACK 64

「無意識の偏見」を 自覚すると チャンスが増える

　ここ10年間のホットトピックスの1つとして、「**無意識の偏見**」が挙げられると思います。無意識の差別、無意識のバイアス、アンコンシャスバイアスなど、いろんな言い方がありますが、**私たちはすべての物事を自分の認知の眼鏡、バイアスのかかった眼鏡でしか見ていないことを認識しなければなりません。**

　東京オリンピックの開催前後に、オリンピック組織委員会会長で元首相が「女性がたくさん入っている理事会の会議は時間がかかる」「女性っていうのは競争意識が強い」などと発言し、女性蔑視も甚だしいと批判されて会長を辞任しました。問題は、女性とひとくくりにしたことです。なぜああいう表現が出てしまったかというと、発言者の頭の中に「女性は本来つつましやかであるべきもの」といった無意識の偏見があるからです。その認知から外れる女性がいると不愉快に思い、「自由闊達に発言する女性や、男性を差し置いて前に出る女性はわきまえがなくてけしからん」となって、くだんの発言につながるわけです。

　私たちは、自分の認知に収まるものはすんなりと快く受け入れられますが、少しでも認知から外れるものや、あまりなじみがないことに対しては警戒します。そして、これは自分にとっていいものか悪いものかと考えて、たいていの場合、悪いものだと捉えて遠ざけてしまいます。

　その結果、何が起きるかというと、損をするのです。真実をしっ

かり見て受け入れれば得することがたくさんあるのに、無意識の偏見で目を曇らせてしまって自分の世界を狭めてしまったり、自分を成長させてくれる人との出会いを断ってしまったり。そんなもったいないことをしたくなければ、**まず、自分にも意識の偏見があることを自覚すること**です。

　特に、初めて知ることやよく知らないものに対しては自分の認知から外れやすいため、反感を覚えやすく、それが偏見に変わりやすいので注意する必要があります。反感を覚えた瞬間に、「もしかしたら、これは偏見ではないか」と自問してください。そうすると、偏見を緩和する考え方ができるようになると思います。

直感と偏見は紙一重

　この無意識の偏見をなくすために行われた有名な事例は、オーケストラの「オーディションのカーテン」でしょう。これは何かというと、昔、アメリカのオーケストラで楽器演奏する人は、ほとんどが白人男性でした。これはどうもおかしいという話になって、それまで対面でやっていたオーディションを、カーテンで仕切って、審査員から演奏者が見えないようにしました。

　その結果、いわゆるマイノリティと言われる、アジア系の黄色人種やヒスパニック系の黒人、それから女性の合格率が上がって、今では4割近くがマイノリティが占めるようになった、といいます。カーテンで仕切らずに演奏者の顔が見えると、無意識の偏見によって、白人男性の演奏のみよく聴こえてしまっていたわけです。

　この事例が物語るように、私たちは特に人の見た目に左右されて、見た目だけでいい人そう、悪い人そうという偏見を抱きます。そもそも、なぜ偏見を抱くかというと、偏見が役に立つこともあるから

です。思考のスピードを速くして、余計な情報処理をせずに、直感で発言することを可能にするのが偏見です。つまり、**直感と偏見は紙一重なので、私たちが直感を働かせたときには、常にこれは偏見ではないか、間違っているのではないか、ということを考えるように癖をつけたほうがいい**と思います。

ポジティブな無意識の偏見もある

　無意識の偏見はネガティブに働くだけではなく、ポジティブに働くこともあります。例えば、アメリカ人のお父さんと日本人のお母さんを持つ、ミックスの人の場合。見た目で、バイリンガルであると思い込んでしまうため、「英語もペラペラなんでしょ？」と聞いてしまいがちです。ミックスの子どもには、「将来、美人になりそう」「ハンサムになりそう」とも言いがちです。言われる当人たちにとっては、プレッシャーがかかります。

　両親がスポーツ万能と聞けば、「あなたもスポーツ得意なんでしょ？」と聞きがちですし、両親の学歴が高ければ、「あなたも頭がいいんでしょうね」と聞きがちです。実際はそうではない場合もあって、違うと相手を傷つけてしまいます。ポジティブなイメージであっても、無意識の偏見になっていることを覚えておきましょう。

5

学び戦略ハック！
日々新しいことを学んで
自分をアップデート

LIFE HACK 65

現状維持ばかりだと
学習能力が低下する

　気をつけないと私たちは、昨日と今日、今日と明日、明日と明後日と、ずっと同じことを繰り返してしまいます。なぜなら、それでうまくいくとわかっているからです。ところが、世の中は新しい技術、製品、サービスが生まれて、どんどん進化していっています。**自分は同じことを繰り返すだけで、世の中がどんどん進化していくと、年を取れば取るほど、時代に取り残されてしまいます。**その結果、新しいことを受け入れられない「頑固老人」と言われるような存在になりかねません。

　なぜ年を取ると新しいことをするのが億劫になるのかというと、すでにうまくいくやり方を知っているので、わざわざ新しいことをする必要性を感じないからです。そもそも、私たちは不安傾向が強くて、なるべくリソースを節約しようとするため、現状維持が大好きです。しかし、それをし続けていたら新しいことに触れる機会がなくなって、学習能力も、リスクを上手に取る能力も低下してしまいます。

　ただでさえ、加齢とともに脳の前頭葉の働きが衰えて、学習能力もリスクを上手に取る能力も低下していきますから、そのうえ、新しいことに触れる機会がなければ、低下スピードが加速しかねません。それを防ぐために、私は**物事の選択で迷ったら、学習機会を得るために新しいことをしよう**、ということを推奨しています。

　例えば、よく行くお店のランチでAランチがおいしいことはわ

かっていても、食べたことのないBランチやCランチを頼むわけです。Aランチよりおいしいかもしれないし、まずいかもしれませんが、たとえまずくても学習機会になっています。また、初めて行ったお店で注文に迷ったときほど、定番を選びたくなるのも現状維持をしたがる性質だからです。そういうときも、できるだけ食べたことのないものに挑戦しましょう。五感が刺激されて、前頭葉も活性化します。

外出するときに、いくつかルートがある場合、使ったことがないルートを選ぶのもいい刺激になります。新しい道を走ったり、新しい路線に乗ったり、経験したことがないことをするのは、最初は不安が伴うものですが、新しい発見や感動、気づきを得られるので、自然と楽しめるようになると思います。

新しい学習機会を探して楽しむ

1日の7〜8割は、今までやってきて上手にできるパターンで過ごして構いませんが、**残りの2〜3割は新しいことをする意識を持ちましょう。**もはや実験をする感覚で、献立に迷ったら作ったことのないレシピにする、服選びで迷ったら着たことのない色にする、行きつけのお店でも新しいメニューを見つけたら必ず頼む、など。

日々の生活の中で、どうやったら新しい学習機会になり得るか、ということを考えて過ごすと、ついつい保守的になってしまう自分を叱咤激励できます。日々の出来事を学習機会と捉えて、新しいことを1つでも2つでもし続けることによって、前頭葉のトレーニングにもなり、老化予防につながります。

知的好奇心があるから成長できる

　私たち人間が、どうしてほかの動物よりも成長できたかというと、実は知的好奇心があったからだと言われています。

　私たちは情報収集や何か行動をするとき、仕事や生活の役に立つかどうか、お金が儲かるかどうか、人脈が広がるかどうかなど、どうしても損得で物事を考えがちです。でも、損得は抜きにして、新しいことをしたい！　新しい考え方を取り入れたい！　新しいやり方を実践したい！　というふうに、**純粋に新しいことをして楽しい、嬉しい、と思うこと＝知的好奇心を満たすことも重要**なのです。

　私たちの遺伝子には、新しいことを知ったり学んだりすること自体が、喜びになるようにプログラミングされています。「感覚特異性満腹」という言葉がありますが、毎食のように同じものを食べていると飽きてきます。それと同じように、同じ行動や考え方をしていると飽きる仕組みになっています。だから、いつもと違う服を着たい、髪型やメイクを変えたい、出会ったことがないタイプの人と出会いたい、したことがないスポーツをしてみたい、転職したいなど、新しさを求める気持ちを満たす必要があるのです。

　その結果がうまくいってもいかなくても、関係ありません。たとえ、なんの役に立たなくてもいいのです。ただ単に楽しくて、面白くて、やったことに満足できればOK。それによって知的好奇心は満たされるので、頑張って何かの気づきや発見を得ようとする必要はありません。

私は麻雀やボードゲームなどのゲームが大好きで、ゲームの何が楽しいかというと、やはり知的な刺激を得られることです。本を読むのが大好きな理由も同じです。これを読むと仕事のプラスになるとか、話題の本だから読んでおこう、といった選び方はしません。人から聞いて面白そうと思ったものや、Amazonのおすすめリストを見て目に留まったものを読んでいます。

損得も成否も抜きにする

　短期的な成功を求めると、計算や計画をして、うまくいきそうなことや、得になりそうなことしかやらなくなるので、知的好奇心を満たすことから遠ざかります。損得も成否も抜きにして、これって楽しいよね、面白いよねということを、いかに自分の人生に取り入れられるかを意識してみてください。

　純粋な動機で動くからこそ得られる発見や気づきがあって、それによって視野が広がったり、発想の転換がはかれます。意外と、停滞していた仕事をブレイクスルーするヒントを得られたり、新しいビジネスチャンスにつながることも少なくありません。人と知り合うときもつい下心が働いて、この人と仲良くなっておくと得か、仕事のチャンスをもらえるか、などと「人材」として見がちですが、まずは一緒にいて楽しい、話していて面白い、という感覚を大事にしましょう。その感覚で人と接すると、いろんな人と話したいと思うので、自然と交友関係が広がると思います。

　私のYouTubeチャンネルでも、仕事や家事の効率を上げるような得になる情報だけではなくて、知ると楽しい、面白い、という知的好奇心を満たす話題も盛り込むようにしています。むしろ、後者のほうが多いかもしれません。

知識は将来予測を可能にする

「KIPP（キップ）」というアメリカの公設民営型の学校をご存知でしょうか。アフリカ系やヒスパニック、低所得者層の子どもたちを対象に、貧困から抜け出すための学力向上を目標にした学校です。実際に、KIPPに通った多くの生徒の成績が大幅に上昇するという成果を上げています。

KIPPは「Knowledge Is Power Program」の頭文字を取ったもので、この文の意味は「知識は力なり」です。まさしくその通りで、私たちがよりよく生きようとする力は知識からもたらされるもので、**知識が成長の源**になっています。

かつて本やメディアができる以前は、知識は上流階級の一部の人しか持ち得なく、しかもその知識も非常に不完全なものでした。ところが今は、誰でもインターネット端末1つあれば、世界中の知識にアクセスできます。本も昔はものすごく高価でしたが、1000〜2000円でたいていの本が手に入ります。

私たちが、より安くてより良いものを探すことができるのも、優良店や商品スペック、クチコミなどをチェックして、知識を得られるからです。仕事選びにしても同じで、自分がしたいことはどの業界だと叶えやすいか、どんな資格を持っていると好待遇になるか、先輩や知り合いのコネクションは使えるかなど、あらかじめ知識を得ることでアンテナが立ち、実現に向けて動くことができます。将来を予測するときも、力になるのはいろいろと調べて新たに入手す

る知識です。既存の自分の考えだけでは、十分な判断材料にはなりません。このことから、私は「知識は現代の水晶玉である」と思っています。

水晶玉とは、占い師が使っている透明の丸い玉です。水晶玉を覗き込むと未来が見えると言われていて、占い師たちはその水晶玉を使って将来を予測します。占いの技術がない私たちにとっての水晶玉が、知識ということです。将来を予測するときに立てる仮説は、過去の経験や人に教わったこと、本やネットで読んだことなどの知識からしかやってきません。水晶玉の代わりに、未来を見る道具が知識なのです。

古い知識は新しい知識の肥やしになる

昔に得た知識は徐々に忘れていきますが、実は全部無意識に残っています。何か新しい知識を得たとき、忘れていたはずのことをふと思い出した、という経験はありませんか？　それは、新しい知識を得た刺激で昔の知識がよみがえったためで、2つの知識が結びついて記憶されます。そうやって知識はタワー状に積み上がっていき、新しいことを考えられるようになったり、これまで見通せなかった将来についても正確に予測できるようになるわけです。

ただし、テレビのニュース番組や新聞では大して知識を得られません。なぜなら、マスメディアの情報は私たちの恐怖心や猜疑心をあおったり、悲しみや怒りを増幅させるものばかり強調されて報じられるため、知識になり得ることが少ないからです。**知識を力にするには自ら動いて体験する、人と話す、本を読む、信頼性の高いサイトで調べる、ということを基本にしてください。**

LIFE HACK 68

ベストの答えを探さない。成功とはベターなことを継続すること

家電や車を買うとき、引っ越し先や転職先を選ぶとき、結婚相手を決めるときもそうですが、ベストな選択をして後悔しないようにしよう、と言われています。その「ベスト」という言葉、私はあまりよくないと思っています。なぜなら、**どれがベストなのかと迷っている間に行動が遅れるから**です。

何がベストかなんて、実際のところはわかりません。というか、この世にベストの答えなんてどこにも存在しないと思います。時代も環境も常識も、自分の考えも変わっていくので、ベストもどんどん変わっていくからです。いわば、**ベストは幻想**。それでも、どうしてもベストがほしい。しかも、失敗せずに一発で手に入れたい。そう思って射撃手のように狙いすますわけですが、幻想をどんなに狙っても当たりっこないのです。

大事なことは何かというと、**これがいいかなと思うものが見つかったら、その的に向かってポンと球を打ってみること**。打ってみると、思ったよりも的が遠かった、近いけど全然外れていた、的は大きいと思ったら意外と小さかったなどの感触を摑めます。それをもとにして、当たるように調整していけばいいのです。

ベストではなくベター、という表現をよくしますが、最低限クリアしたい自分の合格ラインを決めておいて、それよりも上だったらOKにして、行動に移すわけです。ベストがあるとしたら、ベターを繰り返して積み重なっただけでしょう。一発で当たるというもの

でも、狙って手にできるものでもありません。そうと知らずに狙っていたら、その間に遅れを取り、遅れると焦りが生じて間違いをおかす原因にもなります。

細く長く続けられる仕組みを作る

多くの人が新しいことを始めるとき、早く成果を出したいがために、最初に大量のリソースを投入します。それで、すぐに成果が出なくてすぐにやめてしまう、というのが三日坊主で挫折する王道パターンでしょう。**望む成果を出すには、細く長く続けることがポイントです。**

私がYouTubeを始めたとき、最初の1ヵ月は本当に鳴かず飛ばずで、よくて300回再生とか500回再生でした。これをやっていて意味があるのかな？　と思いながらも細々と続けていたら、2ヵ月目ぐらいに突然パーンと跳ね上がって、それから安定的に再生回数が伸びるようになりました。以降、私は毎日1本以上何かをアップするようになりました。

どんなこともやり方を問わず、細く長く続けてPDCAサイクルを回せば必ず成果が出ます。つまり、**継続することが成功の必要条件**ということです。継続しやすくするには仕組みが必要で、私は毎日動画を撮るために、撮影機器を出しっぱなしにしておいて、目につきやすいようにしました。また、私はずっと精製された白い米や砂糖をとらないようにしていますが、実践するのは難しくなく、家に置いていないだけです。家にあると手が伸びますが、ないとわざわざ買って来なければならず、それが心理的なハードルになるため食べる気が失せるわけです。そうやって継続しやすい仕組みを作って続けていれば、結果として成功します。

昔学んだことは忘れよう。頑固さは成長や上達を妨げる

年を取ると「頭が固くなる」と言われるのは、これまで学んだことと、新たに学ぼうとすることがぶつかったときに、**本能的にこれまで学んだことを守りたくなって、新しいことを否定したくなるからです**。

私の場合、スマホのAndroidに対してそれをしてしまいました。iPhoneを3から10ぐらいまで使っていて、Androidは性能も使い勝手も悪いものだと思い込んでいたのです。それが、使いたいソフトウェアとiPhoneの相性が悪かったため、仕方なくAndroidを使い始めたら、なんて使いやすいんだ！　と本当にびっくりしました。

私の知識は、使いにくかった初期のAndroidのまま止まっていて、その後アップデートしていなかったのが原因です。そのことを反省し、Androidを何台か使って、古い考えを払拭しました。今やYouTubeの撮影もAndroidでやっています。

アンラーン（unlearn）が成長を促す

今までの常識や経験したことを覆せるようにならないと、昔はこうだった、と過去を振り返るばかりで成長しません。

仕事もスポーツも家事も、思い通りにいかなくて伸び悩んでいるときは、たいていやり方に問題があって、上達を阻んでいます。これまで学んだことを忘れること＝アンラーン（unlearn）は本当に重

要です。**過去の成功パターンでさえもいったんないものにして、常にゼロベースで新しいことを習う姿勢が成長を促します。**

　昔、習ったことに捉われていると、新しい物事を見る目が曇って、正しい判断をしにくくなる点も要注意です。人生プランを、かつての80歳用から100歳用になかなかシフトできないでいるとしたら、アンラーンができていないせいかもしれません。この先どんどん、人からAIに取って代わる仕事が増えると同時に、人にしかできない仕事との差別化が進むことが予想できます。それに伴って雇用形態も変わるでしょう。だからこそ、できるだけ早く人生プランを100歳時代にシフトして、この先起こるだろう変化に対応できるようにしてほしいのです。

　これは私見ですが、企業という組織は中長期で縮小していくと思います。情報が少なくて、市場が未熟で非効率的だった時代には企業の存在価値はありましたが、それも昔の話です。現にリモートワークが進んだことで、働き方が変わりました。少なくとも今の企業の形態ではなくなるだろう、と考えておくことをおすすめします。

見栄は失敗の確率を上げる

　人は多かれ少なかれ見栄を張る生き物ですが、行きすぎると問題です。そもそも、なぜ見栄を張るのかというと、自分の現状に自信がなくて恥ずかしいと思っているから"盛る"わけです。その盛った状態は、本当の自分ではありませんよね。

　でも、本人は盛った状態を本当の自分だと思いたいあまりに、いつしか過信が生まれ、目標設定も高くなりがちです。いわば理想と現実のギャップが生まれてしまい、それで新しいことにチャレンジすると、どうしても失敗する確率が高くなってしまいます。そして失敗したことを受け止めきれず、チャレンジすること自体を遠ざけるようになります。その結果、チャレンジできないから成長できない、成長できないからチャレンジできない、という悪循環に陥ってしまうのです。

　大半の人は、それを何度か繰り返すうちに学習して見栄を張りすぎることをやめますが、中には見栄を張り続けて、見栄の鎧のようなもので自分を覆ってしまう人がいます。すると、失敗することを恐れる自分がいるいっぽうで、ちょっとの頑張りに対しても評価してもらいたがるようになり、まるで、承認欲求の塊のような状態になってしまうのです。これを克服する方法は、見栄を張るのをやめることしかありません。**見栄を張らなければ、人に助けてもらえたり、有益な情報も入ってきやすくなります。**応援してくれる人も理解者も増えます。見栄は本当になんの得にもなりません。

LIFE HACK 71

過度な謙遜は失敗率を
上げる

　日本は謙遜の文化なので、人から褒められると、そんなことない
です、まだまだですよ、などと言ってしまいがちですよね。たとえ
本気で思っていなくても、言霊というものがあるので、自分の能力
を下げたり、自信をなくしたりするのです。そしてつまらないこと
でミスして、本当にまだまだだと落ち込む出来事が起きるものです。

　**褒められたら、ちゃんと素直に受け取って、ありがとうございま
す、とお礼を言う**。何か付け加えるとしたら、この調子で頑張りま
す、これからも精進します、というポジティブな言葉だけにする。
相手の功績や長所を見つけて、"褒め返し"をするとよりいいでしょ
う。褒め合う文化が育って、お互いに能力を引き出し合えるように
なると思います。

　かく言う私も昔はわりと褒められたら謙遜して、自分を否定する
言葉を発していました。怖いのは、それが習慣になると普段から自
分を否定するようになって、どうせ私は女だから、どうせ私は運が
悪いから、どうせ私は年だから、どうせ、どうせ……とネガティブ
になってしまうことです。これは**セルフ・ハンディキャッピング**と
言って、自分の能力を一定以上落としておくことで、何かに失敗し
ても傷つきにくくするための一種の暗示です。しかし、能力を落と
す暗示を自分にかけてしまうと、そのことを証明するためにミスや
失敗をするようになります。自分の中で、認知的不協和を起こさな
いようにするために、無意識のうちにそうしてしまうのです。

自分は大丈夫！ きっとうまくいく！ 自分ならやれる！

　自分を否定する言葉が頭に浮かんでしまうのは仕方ありません。浮かんだらいったん思考を停止して、それを自分がやらない言い訳、できない言い訳にしないようにしましょう。どうせ自分なんて、と思うと、次に、能力がないからうまくいかない、とか、実績がないから任せてもらえない、といった言い訳が浮かびますが、それをストップするのです。そうしないと悪いイメージに引っ張られて、いい結果につながりません。

　代わりに、自分は大丈夫！　きっとうまくいく！　自分ならやれる！　という肯定的な言葉を自分にかけてあげてください。もちろん、なんの努力もしていないことは、そうそううまくいきません。**ちゃんと努力してきて、それなりにうまくいく根拠があることについては、自分ならやれる！　と自信を持つべきです**。不可抗力や予測不能なことが起きて、うまくいかないことはありますが、それは当然のこととして想定し、あらかじめ対処法を考えておけばいいだけです。うまくいく可能性もあるのに、うまくいかないと決めつける必要はないのです。

　セルフ・ハンディキャッピングをやめて、自分を肯定できるようになるために、まず、人から褒められたら、お礼を言って素直に受け取りましょう。自分でも、ちゃんと自分を褒めてあげられると自己肯定感が増します。そして、相手のいいところを褒めることも忘れずに。この繰り返しで過度な謙遜文化から脱却できて、自分を否定する言葉も浮かびにくくなると思います。

自分は正しいつもりでも
間違っていることは多い

　仕事にしても家事にしても、人間関係においても、自分は正しくやっているつもりだけど、小さな間違いをおかしているケースが、実は結構多いです。大きな間違いではないけど"正解"とも言い難く、ほかにもっといいやり方があるのに、ということを含めたら、山のような数になるでしょう。大きな間違いだったら、上司や家族、友達が指摘してくれますが、**小さな間違いはなかなか指摘してもらえないため、自覚しにくいのが問題です。**

　例えば仕事で、自分は正しくかつ、一生懸命やっているのだけど思うように結果が出ない、全然評価されない、という場合、必ずやり方に問題があります。同僚や上司にチェックしてもらって、客観的な指標を求める＝フィードバックをもらうことで問題点が浮かび上がります。

　手料理を人にふるまったとき、大人ならみんな、おいしいと言うので、その言葉を信用してはいけません。その人が完食したか、おかわりしたかを見てください。完食したりおかわりしたときは、本当においしいと思ってくれています。おいしい、おいしいと言いながら箸が進んでなかったら、おいしくない証拠です。**言葉ではなく、目に見える事実でフィードバックをかけると、実態を摑みやすくなります。**

　そして気づいた間違いをどうやって直すか、ですが、一番の早道はできている人に聞くことです。仕事なら、結果を出して評価され

ている人に、料理なら料理が上手な人に、うまくいっていない現状を伝えて、アドバイスを乞いましょう。今できている人も、かつてはできなかった人で、試行錯誤してできる人になったわけです。同じような道をたどってきているはずなので、「このやり方はこう変えたほうがいい」「それはこういうコツがある」という感じで教えてもらって、修正するといいと思います。

修正箇所は成長する余地

　相談に乗ってもらえる上司や同僚がいなかったら、ビジネススクールに通ったり、コーチングを受ける手もあります。あまり時間とお金をかけたくない場合は、本をおすすめします。Amazonなどでうまくいっていない悩みで検索をかければ、該当する本がリストアップされます。その中にピンとくるものがなかったらググって、自分と同じ悩みを克服した人のブログやnoteを見て、参考にするといいでしょう。

　そうやって、**自分のやり方の間違いに気づける仕組みを持っておくことが重要**です。つまり、常に自分は間違うことを前提にして行動し、フィードバックをかけ続けるわけです。フィードバックをかけ続ければ、小さな間違いの段階で気づいて修正できます。気づけないと、間違いを直すことはできません。だから、自分の間違いに気づく仕組みが重要なのです。

　フィードバックは自分の間違いと向き合う時間なので、決して楽しい時間ではありません。ただ、成長する一番の早道であることも事実です。自分の修正箇所を見つけることは、成長する余地を見つけることと同義なので、ぜひ前向きに取り組んでください。

遊びはインプットをする
学習の時間

　遊びには2種類あって、1つはギャンブルや飲酒のように頭が真っ白になって搾取されるタイプ。もう1つは、楽しみながら学習することができるタイプの遊びです。この後者の遊びを日常生活で2〜3時間持つことをおすすめします。

　学習というと学校教育の名残で、机の前に座って教科書を開いて先生の話を聞く、というまったく楽しくないイメージが浮かんで、遊びと結びつかない人も多いでしょう。しかし、昔から人は遊びからいろんなことを発見しています。20世紀最大の文化史家と言われるオランダの歴史学者ヨハン・ホイジンガは、スポーツや音楽、演劇などの文化はすべて遊びであると言い、「人間はホモ・ルーデンス＝遊ぶ人」と定義しています。

　私はオーディブルが大好きで、実生活にはまったく関係のない量子力学や宇宙科学、植物学などの話を聞いて、へー！へー！と言いながら楽しんでいます。ゴルフも好きで、どうやったら飛距離を伸ばせるかと考えることは物理学で、空気抵抗や風速を学ぶ機会になっています。つまり、**遊びの時間は新しいことを学んでインプットする時間にもなっている**わけです。対して、仕事はアウトプットする行為なので、仕事ばかりしていると自分が枯渇しかねません。**学習できる遊びを持つことで、仕事のアイデアや問題解決のヒントにつながることもあります**。遊びはインプットの時間だと思うと、遊びは仕事よりも下にあるもの、という考え方も変わるでしょう。

独学は非効率。
人に習う100分の1から
1000分の１しか学べない

独学をしようと思うと本当に大変で、全然進みません。それに対して、**すでにわかっている人やうまい人に習うと、その人のレベルにまでは追いつかないにせよ、上達するスピードが速くなります。**もちろん、人に習ったとしても、自分のものにするには試行錯誤を繰り返すことに変わりありません。ただ、独学と違って道しるべになってくれる人がいると、右往左往することなく、最短ルートでゴールを目指せるわけです。

ゴルフで言うと、ゴルフ歴が浅くても、コーチについてレッスンを受けている人はうまいです。逆に、ゴルフ歴が長くても独学の人は……。思うに、独学の学習効率は、人に習う学習効率の100分の1から1000分の1ぐらいではないでしょうか。実際に、私はゴルフ歴は10年以上ですが、レッスン歴はこの２年ぐらいです。レッスンを受けるようになって、格段に上達したことを実感します。

独学のネックは、本や動画などから知識を一方的に得るダウンロード型であることです。いっぽう、人に習うのはインタラクティブ型で、フィードバックをたくさん得られます。この差が、学習スピードの違いでしょう。もっとも、人に教わる場合は信用に足る人なのか、自分と相性が合うかなどの問題があります。だから、独学がいいという風潮があるわけですが、学習効率ではだいぶ劣ります。本気で学びたいことがあったら、コーチをつけるかスクールに行くか。せめていいロールモデルを探すことをおすすめします。

LIFE HACK 75

アウトプットを決めてからインプットを設計する

　私たちは日々、仕事や学び、資産運用、健康管理など、様々なことをインプットしながら生きていますが、たまにモチベーションが保てなくなるときがありますよね。人からすすめられたことや、周りの人がやっているから、という理由で始めたことは特にそうなりやすい気がします。**インプットに迷いが生じるのは、アウトプットを明確にイメージできてないことが原因です。**

　スーパーに買い物に行くときは献立を決めてから行くといいと言われているのは、献立＝アウトプットを決めずに行くと、余計な買い物＝インプットをしすぎて、お金と時間のロスになるからです。私は今YouTubeの動画を1日2本ペースで配信していますが、1日2本配信する、というアウトプットを決めているから、日常生活や人との会話で、インプットできるネタが集まってくるわけです。収入アップも同様で、自分が望む収入を得るにはどの業界を目指すとよくて、そこに入るにはどんな資格やスキルが必要か、ということを逆算して考えると自ずと最短ルートが開けます。

　もっとも、アウトプットは仮決めで構いません。例えば金融業界に就職する、というアウトプットを仮決めしたら、ファイナンシャルプランナーの勉強というインプットを始めます。そして勉強しながら、金融業界に就職するよりも多く稼げるアウトプットを見つけたら修正してOK。どんなことも、アウトプットを決めてからインプットをすると、お金と時間、労力のコスパがよくなります。

本の内容は忘れていい。頭の中で音読しないと読むペースが速くなる

　私の読書のペースは1日1.5冊で月45冊、年間500冊以上になります。オーディブルで「耳読」することもありますが、大半は目で読みます。よくそんなに読めますね、と驚かれることが多いのですが、逆に私が驚くこともあります。それは読んだ本の内容を忘れることを気にする人が多いことです。

　忘れて当たり前です。本で得た情報は短期記憶として一瞬意識の中に残りますが、それが定着して中長期記憶になることはほとんどありません。無意識のほうに残ります。**だから忘れて当たり前**。本を読んでいて、あれ、この内容知っているな、と思うこと、ありませんか？　それはたいてい、昔読んだことがある本です。読んだ記憶は無意識の中にあるので、普段は思い出さないだけです。

　思い出さないだけで、読んだことの大半は無意識に残っているので、それが私たちに行動変容をもたらしたり、新しいアイデアのヒントになったりするのです。繰り返しますが、**読書というのは意識ではなく、無意識でするもの**。無意識には残っているから、忘れて結構。そう思うと、もっと気楽な読書をできる気がしませんか？映画やドラマも、どんなに感動しても、昔見たものを細かく覚えていません。ストーリーは説明できないけど、誰かに説明してもらったら見た記憶がよみがえってきて、その作品観たことある、となるものでしょう。読書もそれと同じ"ノリ"でいいのです。もし読むのが遅いことがネックになって読書を避けているとしたら、頭の中

で音読するのをやめましょう。

早く読むコツは頭の中で音読しない

　読むのが苦手で遅い人の多くは、文字を頭の中で一度音読して、音読したものを理解しています。ある意味、会話のような理解の仕方をしています。文字を見てすぐ理解しているわけではないから時間がかかってしまいます。

　私は一切、頭の中で音読していません。文字を見た瞬間に、意味を理解しています。これができるのは小さいころから読書習慣があるからで、文字を見た瞬間に、パッと意味が頭の中に入ってきます。その入ってくる分量は、最初のうちは1行しかできませんでしたが、徐々に2行、3行と増えていて、今では半ページ単位の塊で入ってきます。だから私は、YouTubeの動画を見て理解するよりも、本を読んだほうが断然速いです。耳読よりも、目で読むほうが速いです。

　ぜひ、頭の中で音読するのをやめて、目で見て理解することにチャレンジしてください。マンガは文字を読む前に、まず絵を見て、全体を見渡すことから入りますよね。文章を塊で見て理解するのは、その目の動き方に近いかもしれません。慣れるまでに時間はかかるかもしれませんが、これも複利効果なので、続けるうちにどんどん上達して、一度に理解できる量が増えていきます。

　今の世の中で、本を読む人は限られた少数派です。成功者もまた少数派です。多数派と同じことだけをしていたくない、という人は読書習慣をおすすめします。無意識に残るので、安心して内容は忘れてください。

「耳読ウォーキング」のすすめ

　多くの人が、運動しなくてはいけないな、と日ごろの運動不足を嘆いていると思います。また、もっと本を読まなくてはいけない、と思っている人も多いでしょう。でも、忙しくてなかなか時間を取れないのが現状だと思います。この2つの課題をまとめて解決するのが、運動と読書の時間を合体させる「**耳読ウォーキング**」です。体にも頭にもいい時間ができます。

　私は毎日1万歩くようにしています。距離にして7〜8kmぐらい、時間にすると1時間半〜2時間弱。仕事や買い物などで、3〜4回出かけると1万歩以上になるイメージです。そのとき一緒に、オーディブルか、kindleをAmazonのFire HDという端末で読み上げモードにして「耳読」も一緒に行っています。公共交通を使う場合は駅などの人が多いところを通るのでヘッドフォンにして、通りを歩くだけの場合はネックスピーカーで聞いています。

　耳読だと、1冊を聞き終えるのに3日からないと思います。本の難易度と聴く速度によって多少異なりますが、目で読むのが遅い人にとっては読書のペースが上がるでしょう。私は3倍速で聞くので、1日で半冊〜1冊ぐらいのペースです。3日で1冊のペースで計算すると、年間120冊読めるようになるわけです。

　読書の最大の難点が何かというと、座って読んでいると集中が途切れて気が散ることです。いっぽうの歩くことの難点は、暇なことです。音楽を聴いてもBGMにすぎません。ただ歩くだけになるから、

できるだけ短時間にしたくて、公共交通や車を使いたくなるわけです。ところが、2つを一緒に行うと、**歩くことに適度に集中しながら暇つぶしとして耳読できるので、無理なく、むしろ楽しく続けられる**のです。歩いて筋肉を動かす刺激によって脳が活性化するので、内容を理解しやすくなるのもメリットです。

オーディブルの価格は下がり、端末も1万円前後

運動不足を手軽に解消する方法として、通勤時に1駅分歩く方法がありますよね。都内であれば1駅分は15分ぐらいで、これを歩くのが習慣になると、ほかのタイミングで同じような距離を移動するときも、歩く気になりやすいです。その結果、1日1万歩をクリアしやすくなります。2kmぐらいの距離だと、公共交通を使っても歩いても、時間的には大差ないでしょう。

続けるうちに自然と歩くスピードが上がるので、有酸素運動にもなります。よく、1kmを歩くのに15分かかると言われますが、それは遅めのスピードの場合で、10〜12分で歩けるようになると思います。実際、私は1kmを11分ぐらいで歩いていて、時計をふと見ると一定の心拍数を超えた有酸素運動を45分しました、60分しました、と表示されて、普通に歩いていただけなのに得した気分になることがあります。

オーディブルもだいぶリーズナブルになりました。AmazonのFire HD端末は少し前の型で十分で、バージョン8で1万円前後です。ヘッドフォンなどを買うともう数千円かかりますが、初期費用としては、スポーツクラブの入会金と月会費の合算より安く済むか、と。しかも、**耳読ウォーキングなら、年収アップや幸せになるコツを学べるので、とても有意義な投資**と言えます。

Chapter

6

時間戦略ハック！
限りある時間を有効に使うために

チャンスに含まれる
アタリは1〜2割

　チャンスの女神は前髪しかないから、さっさと摑まないといけない、と言われますよね。だから私もちょっと面白そうな人や案件を紹介されたときには、フットワークを軽くして関わるようにしています。それと同じぐらい大事にしているポリシーが、**チャンスだと思ったけどハズレだったらすぐに損切りする**、ということです。お金も時間も労力もかけたのにもったいないなど、埋没コストのことは一切考えないようにしています。

　これはチャンスだ！　と思っても、当たるのは1〜2割で、残りの8〜9割はハズレです。そのハズレを不良在庫として抱えてしまうと、時間もお金も労力もかけ続けることになって、次のチャンスを試せなくなります。だから、人も案件も、期待していたほどではなかった場合は速やかに距離を取って、そんなに深く関わらないことが賢明です。紹介してくれた人に悪い、嫌われたくない、という気持ちからずるずると長引かせがちですが、チャンスのアタリを引く確率を上げるにはチャンスをたくさん試すしかなく、それにはハズレをバシバシ損切りすることが必須条件になるのです。

　つまり、チャンスの女神は前髪しかないからさっさと摑むけど、イマイチだと思ったらさっさと手放す、ということもセットで実践してほしいのです。手放すタイミングの目安は、半年から1年です。半年やってうまくいかなかったら、できれば半年で損切りしてください。手を変え品を変え、粘ってももう半年で、リミットは1年。

1年かけてうまくいかなかったら、潔く撤退することをおすすめします。

1年かけてうまくいかないことは適性に合っていない

何事も、上手くいくときはとんとん拍子で進むものです。それは、自分では意識していないけど、実は蓄積してきた能力が生かされたり、適性がぴったりはまったりするからです。うまくいく場合は、たいてい半年以内に軌道に乗ります。半年以上、試行錯誤してもうまくいかないものは、1年経っても2年経っても、3年経ってもうまくいかない可能性が高いです。だから私のおすすめのやり方は、**半年経ってもうまくいかなかったものは、もう半年、つまりトータル1年でやめるという決意の下に続けること**なのです。

私は公認会計士や中小企業診断士などの資格を取りましたが、資格試験の多くも、受かる人は1年ぐらいでサクッと受かる印象があります。3年4年5年と頑張って長く勉強している人ほど受かりません。やはり、適性の問題が大きいからです。かりに何年もかけて受かったとしても、残念ながら、その後出世できない現実が待っています。なぜなら、適性が合っていないからです。厳しいことを言うようですが、自分の適性に合ったものを探すべきでしょう。

うまくいかなかったことはやめていいのです。それで、新しいことを始めればいいのです。うまくいかないことに執着すればするほど、新しいことができなくなってチャンスを逃します。だから、半年から1年で損切りすること。人間関係も同じで、仕事でもプライベートでもうまくいかない人、特にパートナー関係の場合はしがみつくとロクなことがありません。半年から1年かけて修復できなかったら、違う道を歩むことをおすすめします。

スケジュールの余白は、新しいことを始めるエネルギーの源になる

スケジュールを組むときによくやってしまうのが、アポやタスクでぎちぎちにして余白の時間を作らないことです。心身の疲れを取ったり、気持ちをリセットするには、何もしないでダラダラする時間が必要です。特に夜に必要で、**寝る前の1〜2時間をダラダラできるスケジュールにすることをおすすめします**。自律神経の交感神経が優位になった活動モードから、副交感神経が優位な状態のリラックスモードに切り替わって、睡眠の質が上がるでしょう。

ソファでゴロゴロしながら本を読むとか、ペットと無邪気にたわむれるとか、SNSをぼーっと見るとか。そういう時間を持つことは"悪"ではなく、1日1〜2時間ぐらい持たないと、私たちの体も頭も正常に働かないことをぜひ理解してください。

私は人といると結構気を使って気疲れしてしまうタイプなので、人と会った後は短くても30分〜1時間は、何もしない時間を取るようにしています。すぐに次のアポを入れることはありません。何もしない時間を取ることでリカバーできるので、結果としてパフォーマンスが上がります。

毎日1〜2時間も何もしない時間を作れないという人は、**週に1日は何も予定を入れない日を作りましょう**。純粋に休養を取るために、1日中ダラダラと過ごしてOKです。ただ、よほど疲れていない限り、丸1日ダラダラするのは意外とできないものです。ダラダラすることにも飽きがくるもので、すると自然と何かしよう、と思

いいます。そのとき思いつきやすいのが、やらなくちゃいけないと思いつつ、後回しにしていたことです。

創造力は暇なときほどよく働く

　私たちがタスク処理をするとき、重要性より緊急性を優先して処理しがちです。その結果、緊急ではないけれど重要なことを後回しにして、これは時間があるときやればいいや、とTODOリストから外してしまいます。例えば、e-tax（国税電子申告・納税システム）に切り替える、買ったまま"積読"になった本を読む、外食が続いているから自炊する、クローゼットに入りきらなくなった服を整理する、など。そうしたことをする気になるために、最低でも1週間に1日は何も予定を入れない日を作るわけです。

　飽きるまでダラダラすると、人は必ず何かしたくなる生き物です。反動で、何か新しいことや創造的なことをしたくなるときもあります。この衝動的な思いは大切にしたいもので、ぜひ、思いに任せてしたいことをしてください。週に1回そういう時間を持てたら、1年で52回になりますよね。その半分だけやったとしても、生活の充実度は上がって、人生が好転するでしょう。週に1回ではなく、2〜3回持てたらよりいいですが、普通に会社に勤めている人だと難しいと思いますので、まずは週1回から始めてください。暇だからこそ家事をしたくなる、暇だからこそ運動したくなる、暇だからこそ勉強したくなる。暇こそエネルギーの源だから、スケジュールの余白を作らない理由はないのです。

　私は、したいことや興味があることを見つけたらGoogle Keepにメモするようにしています。それを暇なときに開いてやるわけです。人生を好転させる暇つぶしができるのでおすすめです。

物事の先送りは 「時間の借金」

　今すぐやればすぐ済むとわかっていながら、後でやろう、納期はまだ先だから急いでやる必要はない、などと先送りにする癖が私たちにはあります。もはや習性で、何かを決断するときも、すぐ決めずに先送りにするせいで、いらぬ迷いが生じて悶々と悩むことになりがちです。こうした**物事の先送りは、余計な手間やプロセスを増やして時間を無駄遣いすることになり、「時間の借金」を作ってしまう**のです。

　まさにお金の借金と同じで、借りてすぐ一括返済すれば金利も安く済みますが、分割返済にすると金利がかさみます。物事を先送りにする場合に増える余計な手間やプロセスは、金利と考えるといいでしょう。そうならないように、私はなんでも前倒しでするように心がけています。毎日配信しているメルマガも、常に数日分のストックを作っておくようにしています。仕事が立て込んだり、イレギュラーなことが起きてもアタフタせずに、毎日配信できるように備えているのです。これは「時間の貯蓄」と言えます。

　先々困らないためや、欲しいものができたときのためにお金を貯めるように、先々時間に追われないように、メルマガをストックしておくわけです。ドルコスト平均法による中長期運用をする際、残ったお金を積み立てるのではなく、給料から天引きすることをおすすめしていますが、前倒しで行動することは、将来のために時間を天引きすることと同じです。こうしてお金に置き換えて考えると、先

送りにしないで今すぐやろう、という意識が高まり働きやすくなると思います。前倒しにすればするほど、「時間の貯蓄」がふくらむイメージをすると、より積極的に前倒しで行動できるようになるでしょう。

先送りは視覚で防ぐ

私は、先送りをしないように自分に課している方法があります。それは、**先送りしたくなるものを、ものすごく視界の邪魔になるところに置く**ことです。よくしているのは、開封して中をチェックしなくちゃいけないDMをキーボードの上に置くことです。緊急の用なら電話やメールでしてくるはずなので、どうしてもDMのチェックは先送りにしがちです。でも、重要な通知があるかもしれないから、そのまま捨てることはできません。だから、キーボードの上に置いて、チェックしない限り仕事ができない仕組みにしているのです。

先送りにしていることとは、すぐにやったほうがいいとわかっているけど、やっていないことです。だから、目につくたび不快な気持ちになるわけです。二度、三度不快さを味わうと、さっさと片付けてスッキリしよう、という気持ちになります。それで片付けて思うのは、大した手間じゃないんだから、さっさとやってスッキリすればよかった、ということです。

私はよくAmazonで買い物をしますが、外出先から帰宅して玄関に段ボールが置いてあったら、玄関でダンボールを開けて商品を取り出し、ダンボールを畳んでゴミ置き場に持って行かないと家に入ってはいけないことにしています。どんなに疲れて帰宅しても、Amazonの段ボールがあったら必ずやっつけています。

Chapter 6

時間戦略ハック！ 限りある時間を有効に使うために

LIFE HACK 81

継続のカギは楽しい コミュニケーション。 1人の力では続かない

　競技人口が多いスポーツほど続けやすく、競技人口が少ないものは続きにくいと言われます。スポーツジムも、1人で黙々とトレーニングするより、好きなスタジオプログラムの参加者で友達を作ったり、仲のいいトレーナーさんを作ると通いやすくなります。

　私はVRスポーツもやっていますが、サボりがちになるのはそうした友達やトレーナーさんがいないことが大きな要因だと思います。一応、バーチャルのインストラクターが励ましてくれますが、双方向のやり取りではないので、モチベーションの維持につながるほどではありません。それに引き換え、ゴルフのレッスンが続くのは、トレーナーさんと双方向のやり取りができるからです。

　仕事や勉強も例外ではなく、私たちは1人でやっていると、どうしてもサボりたくなるんですよね。励まし合える仲間、助け合える仲間がいないと、なかなか続かず、成果につながりません。仕事がハードできつくても、仲間がいれば前向きな気持ちを保てて、乗り越えられるものです。

　つまり、私たちの継続力というのは、自分1人の力だけではエンジン不足、ということ。1人だけではやりがいを見いだせずに嫌になるか、成果が出なくてあきらめてしまうかのどちらかのパターンに陥りがちです。なぜなら、**私たちが生きていくうえでのご褒美の1つが、人との楽しいコミュニケーション**だからです。仕事について議論する、趣味について語り合う、一緒に運動した体験を共有す

る、というコミュニケーションがあるから、ありとあらゆることが続くと考えるべきでしょう。

　私がYouTubeの動画配信を続けられている大きな理由は、コメント欄があることです。見てくださった方々から感想や意見、質問などをいただけるから励みになって、よりいい情報を発信できるように頑張ろう、と思えます。本を書き続けていられるのも同じで、読んだ方がブログやSNSで取り上げてくれたり、購入サイトでレビューを書いてくださることが活力になっています。

何事も仲間作りから始める

　もし、物事がなかなか継続しないという人は、仕事も勉強もスポーツも趣味も、する目的は人とコミュニケーションを取るためだと考えたほうがいいかもしれません。人とコミュニケーションを取る糧として仕事などをしていると考えれば、積極的にコミュニケーションを取るようになりますよね。それによってできたつながりは継続力のエンジンになり、継続しやすくなるからです。

　何か始めるときは、楽しくコミュニケーションが取れる仲間作りにも励むこと。仲間は、やる気が起きないときのモチベーションを下支えしてくれる力にもなります。また、様々な意見交換を通じてブラッシュアップできるため、アウトプットするものの質も上がります。

　主役はコミュニケーションで、仕事も勉強もスポーツも趣味もすべて脇役。この考え方に変えると、物事の取り組み方も組み立て方も一変して、新しい発見があり、発想の幅も広がると思います。

お金以上に
時間の無駄遣いを
してはいけない

お金は、投資で増やすことができます。困ったら、人や銀行から借りることもできます。ところが時間というのは、寿命に対して減るいっぽうで、貸してくれる人も時間銀行も存在しません。だからこそ普段の生活で、**お金以上に時間を浪費してはいけない**のです。

例えば、私がサブスクのファッションレンタルサービスのエアークローゼットを愛用している理由は、洋服にそんなに強い興味がないことと、選んだり試着するのが嫌いなので、その時間を節約するためです。もっと嫌いなのは、包装されたものを剝がして、値札を取ることです。エアークローゼットの服には値札はついていないし、好みのテイストとサイズを伝えて、スタイリングしてもらったものが送られてくるので、自分の嫌いなことに時間を使わずに済んで、本当に助かっています。お金の節約にもなっていますが、それ以上に時間の節約になっていることが、愛用する大きな理由になっています。

また、私は行列に並ぶことも嫌いです。並んでいる人も好きで並んでいるわけではなく、仕方なく並んでいるのだと思いますが、よほどの目的ではない限り、並ぶのは時間の浪費です。最たる例が、宝くじの当たりくじが多く出ると評判の西銀座チャンスセンターの1番窓口。そもそも、宝くじはお金の浪費になるので買うことをおすすめしませんが、わざわざあそこに何時間も並んで買うのは時間の浪費なのでやめたほうがいいと思っています。どうしても宝くじ

を買いたい人は止めませんが、せめて最寄りの売り場でパッと買ってください。時間の浪費はせずに、お金の浪費だけで済むからです。

　そのほか、つまらない本を読むのも時間の浪費です。**ましてや何も頭に残らないニュース番組やバラエティ番組を見るのは、浪費中の浪費です**。ゲームの場合、麻雀やボードゲームなど、リアルに対面してコミュニケーションが取れるものは無為に時間は流れませんが、相手が見えないオンラインゲームやAI相手のゲームは、自分の時間が奪われるように消えていくので、浪費だと思います。

遅刻は相手の時間を浪費すること

　私が待ち合わせに決して遅れないようにしているのも、相手の時間を浪費したくないからです。逆に、待ち合わせにコンスタントに遅れる人は、私から誘わないようになります。買い物で、高額なものを買うときほど迷うものですが、**迷っているうちに半年、1年と無為に時間が過ぎてしまうなら、最新型ではなく1つ2つ前の型にするなど、そこそこの値段のもので手を打って、活用する時間を楽しんだほうがいい**と思います。

　お酒を飲まないのも、体に有害なものにわざわざお金を出したくないし、酩酊して何もできなくなる時間がもったいないからです。飲まなければ読書や運動、趣味など有意義な使い方ができるのに、と思わずにはいられません。だから、過半数の人がお酒を飲む場にはあまり行かないことにしています。お酒を飲まないと、1時間半〜2時間話せば十分満足できますが、お酒を飲むとそれでは終わりません。そういう場合は、先に失礼するようにしています。

　当たり前と思っていることの中にも時間の浪費は潜んでいます。見つけたら節約して、好きなことに使うようにしましょう。

時差行動をしよう。
超過需要を避けると
コスパも快適性も上がる

　公共交通をはじめ、飲食店やスポーツジム、レジャー施設などを利用するときに、混雑時を避けて行動することを時差行動と言います。時差通勤や時差通学をして、移動時間を読書や勉強などの時間として有意義に使っている人もいるでしょう。

　公共交通なら朝夕のラッシュ時、飲食店なら食事時、ジムやレジャー施設は週末と、利用者が多くて混雑するタイミングを「**超過需要**」と言います。ギュウギュウ詰めにされたり、行列に並んで長時間待たなくてはいけなかったりすると、不満感や不快感が上がります。しかし、需要が高いので、供給する側の多くは値段を高く設定します。多くの供給側は混雑時は高くして、空いているときは安くします。それは需要と供給のバランスを考えたら自然なことです。

　逆のタイミングを「**過少需要**」と言います。人が少ないときはどこに行っても自分のペースで過ごせて快適で、いいサービスを受けやすくなります。需要が低いときなので、供給側は値段を安く設定して、利用者を少しでも増やそうとします。

　言うまでもなく、**できるだけ過少需要のタイミングに利用したほうが得ですし、時間の浪費を防げます**。供給側からすると、空いている時間帯に来てくれるお客さんは、本当にありがたい存在です。当然サービスが手厚くなるので、利用者の得も増えます。すなわち、win-winの関係。時差行動をするメリットの1つだと思います。

時差行動によって事故のリスクも下げられる

　私は北海道に行くと、必ず「回転寿しトリトン」というお店で食事をするのですが、人気店なので12時すぎと夕食の時間帯は激混みです。だから行くのは、決まって11時の開店直後か、3時半〜4時半の、多くの人が食事をしない時間帯を狙います。ハンバーグが有名な静岡の「炭焼きレストランさわやか」に行くときも同様です。公式サイトを見ると各店舗の待ち時間がわかるので、それを見てできるだけ待たずに済む時間帯を狙っています。

　出張に行くときは、可能であれば前泊や後泊をして、時差行動をしています。旅行に行くときは混雑する金曜日と土曜日を避けて、日曜日に出発して水曜日に戻るというパターンにしています。そうすると飛行機や新幹線の移動中もゆったりと過ごせて、旅気分を満喫できます。

　車で移動する場合は、渋滞も避けるようにしています。渋滞の何が良くないかというと、疲れること以上に、事故の確率が上がることです。自分は注意していても、ほかの人が起こした事故に巻き込まれることがあります。安心・安全に移動したいと思ったら、時差行動をして、渋滞する時間帯を避けるに限ります。

「意図的な手抜き」をして 時間を積み立てる

　私たちは1日24時間を余すことなく、ぎちぎちに使いがちです。勉強や読書をするために、睡眠時間を削っている人も少なくないでしょう。それでは翌日のパフォーマンスが落ちて、健康を害してしまいます。そこで、**家事などで「意図的な手抜き」をして時間を捻出すること**をおすすめします。

　これまでやってきたことの中で、ここを手抜きしても結果に影響しないだろう、ということを原則やらないことにします。同時に、ここさえしっかり手をかければ結果のクオリティを保てるだろう、ということにしっかり集中します。

　例えば、細かいことですが、私は調理後のフライパンや鍋の裏側まで洗剤をつけてゴシゴシ洗う必要はないと思っています。油などで汚れるのは主に内側なので、裏側は軽く洗うか、水で流せば十分でしょう。また、野菜を煮込むときに煮崩れないように食材の角を丸くする面取りがありますが、正しい包丁の使い方でていねいに切れば、野菜の断面が壊れにくく煮崩れを防げます。具体的に言うと、包丁の角度を30度ぐらいにして野菜に入れ、包丁の重みを利用して前に押しながら切ります。この押し切りをしないで上から叩き切りにすると、断面が壊れやすくなり、時間をかけて面取りしても、煮崩れます。

　冷凍食品も、おいしいと思えば料理に使う時間を短縮できるので使うといいと思います。健康を意識するなら、食品添加物が少ない

ものや無添加のものを推奨しますが、たまに食べる分にはそんなに気にする必要はないでしょう。私は、化学調味料不使用の「Soup Stock Tokyo」のスープをよくストックしています。自分でスープを作るのが面倒なときに、おいしくいただいています。

細かく手抜きして時間を積み立てる

作業工程を減らすことだけではなく、あらかじめ扱いやすいものを選ぶことも手抜きになります。例えば、タオル。私は、高級なものにすると洗濯に気を使って手間が増えるのが嫌なので、セブンプレミアムのタオルを大量購入して使っています。色は全部白で統一しているのも手抜きポイントです。全部白だと洗うときに色分けする必要がなく、まとめて洗えます。汚れが目立つので、替え時がわかりやすいのもメリットです。

普段着ているインナー類のほとんどをユニクロにしているのも、扱いに気を使う必要がなく、洗濯機で洗えて乾燥機にもかけられるからです。高級素材や繊細なデザインのものだと手洗いをして、しっかり形を整えて干さなくてはいけません。それを毎日するのは、私にとって大きな手間で手抜きしたい対象です。

みなさんも一度、**日ごろやっていることを細かく見直して、この工程はいらない、これはいる、という仕分けをしてみてください。**基準は、結果に影響するか否か。結果に影響する部分にさえちゃんと手をかければ、クオリティを保ちつつ、時間を積み立てていけます。家事ではありませんが、本を読むときも、多くの人が隅々まで読むことが重要だと考えがちですが、読んでなるほどと思ったことを人に話して自分のモノにしたり、1つでも多く実践することのほうが大事です。本の読み方も手抜きの対象にしましょう。

LIFE HACK 85

スマホに時間を奪われたくないなら、触れない時間を作る

「スマホ依存」という言葉が意味する通り、スマホには中毒性があって、お酒やタバコ、お菓子などの中毒性とまったく同じだと思います。誘惑が強くて、そばにあると触らざるを得ないわけです。その結果、せっかくできた暇な時間を無為に過ごしてしまうことに……。暇な時間に先送りにしていた作業をしたり、新しいことを始める時間にあてるのは有意義で、人生を好転させる暇つぶしですが、**スマホであてもなくSNSや動画、ニュースをザッピングするのは時間の浪費です**。機会損失以外の何物でもありません。

触る時間を減らすにはハードルを上げるしかなく、具体的には2つ方法があります。1つは、物理的にそばに置かないことです。私は、家でスマホをほとんど触りませんが、それはスマホの充電台を視界に入らない離れたところに置いているからです。帰宅したらスマホをそこに置いて、家にいる間は、わざわざそこに行かないと触れないようにしています。

電話は発信も受信もスマートウォッチでできるので、スマホは使いません。メールの送受信や調べものはパソコンでしています。だからスマホに触らずに済むのですが、もし目につくところにあったら手が伸びて、SNSの投稿にリアクションがあるかなとか、何か面白い動画があるかなという感じでネットサーフィンしてしまうと思います。そうなることがわかっているから、触れないように遠ざけているわけです。

スマホ断ちしたいなら「通信断ち」する

2つ目の方法は、スマホの代わりにWi-Fiをオフにしたタブレットなどの端末を多用するということです。タブレットなどはWi-Fiにつなげなければ通信できず、ネットサーフィンをしたくてもできませんよね。できることは、読書か音楽を聴くことぐらいでしょう。実際に、私がタブレットをWi-Fiにつなぐのは、デジタル図書を購入してダウンロードするときぐらいで、あとはオフにしています。たまに調べものもしますが、用が済んだらすぐオフにします。

スマホに触らなくすることを「スマホ断ち」と言いますが、**本当に断つべきは通信です**。「通信断ち」された端末では、どんなに触っても有意義な暇つぶししかできないので、中毒性を心配する必要はありません。

お子さんがいらっしゃる方は、スマホを使う時間や場所を制限していると思います。使っていいのはみんながいるリビングだけで、自分の部屋に持って行ってはいけない、食事中は見てはいけない、寝るときは回収するなど。それと同じように、私たち大人も使用を制限するルールが必要です。

そのルールの範囲内だけで使うことにしないと、お酒やタバコ、お菓子のようにハマってしまうと、抜け出すのに苦労します。スマホもそれらと同じくらい依存性が高い嗜好品だと思って、自分の時間を無為に奪われないようにコントロールしましょう。余計な情報にも触れずに済むため、ストレスも減ると思います。

86

時間予算は1日約1000分、余命が40年あってもあと1万4600日しかない

　1日は24時間ですが、活動できる時間は睡眠時間の8時間を引いた16時間になり、分にすると16×60で960分です。これをわかりやすく1000分として、1日に使える「時間予算」の上限にします。

　例えば、**何かをするのに10分かけることは、1日の時間予算の1%を使うことになります**。60分（1時間）は6%、120分（2時間）は12%で、なかなかの分量になることがイメージできると思います。

　テレビやNetflix、YouTubeなどを見ていると、あっという間に1時間、2時間経ちますし、シリーズものだと続きが気になって見続けてしまい、3時間、4時間もすぐ経ってしまいます。でも1日の時間予算の18〜24%も使っていると思うと、どうでしょう。時間の浪費をしている気になりますよね。それで私はNetflixを解約したわけですが、時間も、お金と同じように浪費しないで上手にやりくりするもの、と考えることをおすすめします。

　仕事がつらい、大変という人は多いと思いますが、1日8時間×60分で480分、すなわち1日の時間予算の半分も使っていることを考えると、つらくて大変なのはある意味当然の結果でしょう。それに通勤時間として片道50分、往復100分を加えると、計580分になって、半分以上使うことに。こう考えると、仕事の無駄を省いて、通勤時間も耳読をして情報収集に努めるなど、少しでも有意義に使いたくなります。不必要な会議や書類作りも、思い切って上司に進言して、やめる提案をしたくなるでしょう。

さらに突き詰めると、よりやりがいのある仕事に就いたり、仕事以外の趣味の時間を充実させて、時間を大事に使いたい、という気持ちも芽生えると思います。**1日1000分をうまくやりくりすること＝人生の幸せです**。逆に、時間を浪費することは、自分を不幸せにすることと言っても過言ではないのです。

毎日することは10分で終わらせる

　私は自炊をするときに、1食当たりの準備時間を10分、1日の時間予算の1％にしています。ホットクックなどの調理家電を使えば、食材を切ってスイッチを入れるだけで済むので、10分で準備できます。10分以上時間を使うと、1日3回自炊した場合には時間の予算オーバーに。自炊することが負担に思えて、続けにくくなる気がします。

毎日することほど、10分で終わらせる、すなわち、時間予算の1％に留めることをおすすめします。逆に言うと、今まで継続できなかったことも、10分なら気持ちの負担にならないため続けやすくなるでしょう。自炊をはじめ、勉強や運動、読書などは毎日10分だけするようにしてみてください。

私は毎日、YouTube動画を撮影して配信しています。1本の動画の長さは3〜5分で、できるだけコンパクトにしています。過去の動画の中には、10分前後の長いものもありますが、10分は視聴者の方々に時間予算の1％も割いてもらうことになると気づいてから、3〜5分、時間予算の0.3〜0.5％で留まるように意識しています。また、3〜5分だと、撮影して内容を確認し、サムネイルを作って配信するまでに、1本20〜30分で済ませることができます。2本配信しても1時間で、時間予算の6％で収まります。

余命を年数でなく日数で考える

毎日1000分のやりくりを365回すると1年になり、これを90〜100回繰り返すと私たちは一生を終えます。自分の残りの余命を、年数ではなく、日数で計算してみてください。

40歳の方で90歳まで生きるとして、あと50年×365日＝18250日。30歳だと60年×365日＝21900日になります。

私は今54歳なので、余命は40年だとして40年×365日＝14600日になります。ということは、1日は余命の14600分の1で、10日は1460分の1、約3ヵ月にあたる100日は146分の1。四季は3ヵ月ごとに移り変わるとしたら、あと146回しか季節の変化を体験できないと考えると、一種の緊張感を覚えます。同時に心から、仕事は本当にやりたいことだけをしよう、人付き合いも本当につながって

いたい人たちとだけにしよう、と思います。

　また、睡眠不足や運動不足、飲酒、喫煙、糖質をたくさん摂るなどの不摂生をしていると、1万4600日あるはずの余命がどんどん減ってしまいます。余命はよく「命のろうそく」と言われますが、比喩表現なので、リアリティがわきにくいですよね。**それに引き換え、余命を日数で捉えると、何をすべきで、何をすべきでないのかがクリアになると思います**。だらだらとテレビやネットサーフィンをして時間を浪費してはいけない、仕事のやり方ややりがいについて考え直そう、健康管理に気をつけよう、など。自分がより幸せになる方法が見えてきます。

「将来の自由時間」は、細かく短縮して貯める

　仕事や家事、服選び、化粧など、いつも何気なくやっているけど、実は時間を短縮できることは結構あります。そのことに気づいて、**時間を少しずつ貯めると「将来の自由時間」になります。**短縮するタイミングが早ければ早いほど、時間はどんどん蓄積されて、将来、好きなことにたくさん使えます。

　例えば、私が1回の化粧にかける時間は約4分です。以前は5〜6分かかりましたが、4分に短縮できました。コツは、化粧下地、ファンデーション、アイブロウ、頬紅、口紅、と使う化粧品をすべて1種類にしたことでした。1種類ずつだと、選ぶ時間が必要ありません。開けたらつける、開けたらつけるの繰り返しで、終わります。さらに、おでこにファンデーションを塗らなくていいことに気づいてから、10〜20秒短縮できました。ファンデーションを塗る主な目的は、毛穴の凸凹を目立たなくすることです。おでこは大した凸凹がないので、塗る必要がないと判断しました。たかが10秒、20秒と侮ってはいけません。1日10秒短縮できたら1年で1時間、20秒なら2時間、30秒なら3時間、100秒なら10時間にもなるのです。

　そのほか、猫の自動トイレを買ったのも、猫砂を替えたり、周辺に飛び散った砂を掃除する時間を短縮するためです。料理の味付けで、原則的に塩とオリーブオイルしか使わないのも、時間の短縮になっています。その2つだけで十分おいしくなる調理家電があって、それに最適な食材を選べばよく、その2つでおいしくならない食材

は除外しています。

「将来の自由時間」が多いほどいい

　YouTube動画を作るとき、以前はサムネイルも自分でカスタマイズして作っていましたが、今はYouTubeが自動生成してくれる中から選んでいます。撮影にはスマホを使っています。動画を撮る多くの人はデジカメのミラーレス一眼を使っていると思います。それでもなぜ私はスマホにしているかというと、スマホのほうがカメラよりも物理的に小さくて軽い、ということに加え、画像ファイルも小さくて軽いため、データとしての扱いもとても楽だからです。毎回、その手間に時間を取られたら、撮影するのが億劫になると思い、それなら最初から億劫にならない方法を選んだほうが賢明、と判断しました。あとあとネックになるだろう発生原因を、事前に取り除いたわけです。

　私は30代のころからこうして時間を貯めてきました。そのおかげで、50代の今は趣味のゴルフや運動、旅行など好きなことに使うことができています。もちろん、60代以降も好きなことをたくさんしたいので、時間を細かく短縮し続けています。まるで、お金の貯蓄の話みたいですが、感覚的にはまったく同じです。貯蓄するように、時間もあとあとラクになる使い方をするわけです。

「将来の自由時間」が多いほど、いくつになっても新しいことにチャレンジしやすくなります。もし失敗しても、やり直す時間もあるからです。失敗前提でいろんなことにチャレンジできるので、人生が楽しくなると思います。

5分前行動をすれば イレギュラーにも 対応できる

「5分前精神」という言葉をご存知でしょうか。もともとは旧海軍の伝統で、準備は定刻の5分前に終えておき、作業を定刻になると同時に始められる状態にしておくことを意味します。例えば9時に作業開始なら、8時55分には持ち場についていなければならず、そうしないと軍規違反として罰せられたと言われます。今も海上自衛隊をはじめ、陸上自衛隊や航空自衛隊でも続けられているようです。一般には、「5分前行動」とも言われます。

　これは余裕率やスラック、バッファーという概念で、5分前行動をすべての行動の基本にすると、出かける前に電話がかかってきたり、ばったり知り合いに会うなど、**イレギュラーなことがあっても、5分間で吸収できるため、スケジュールが後ろ倒しにならずに済んでストレスがありません**。とても便利なので、私は美容院や病院にも、予約時間の5分前に着くようにしています。10分前や15分前になると時間を持て余しがちで、もったいないのですが3分だと足りない。5分が絶妙な塩梅です。

　人との待ち合わせには気持ち早めで、5～10分前に行くようにしています。周りの人も私が時間に遅れないことを知っているので、約束の時間に来ない場合は、私が忘れているのではないかと思って、すぐ連絡をくれます。実際、忘れているケースが多くて謝り倒すのですが……。行動を読んでもらいやすいのは、5分前行動が習慣になっているおかげだと思います。

Chapter

7

自分らしさ戦略ハック！

「常識」にしばられず、幸せに生きる

お金で買えない
幸せを増やそう

　経済用語で、「**地位財**」と「**非地位財**」という言葉があります。地位財は他者と比較することで満足感が得られる財産のことで、お金や社会的地位、家、車、ブランド品などです。いっぽう、非地位財は他者との比較は関係なく、主観的に満足感を得られる財産のことで、自由や愛情、健康、良質な環境などです。

　地位財が多いと、リッチな気持ちを味わえて、ちやほやしてくれる人が増えます。ただ、幸か不幸か地位財はお金を出せば買えるので、無駄遣いをしやすくなります。散財してお金がなくなったら当然買えなくなり、ちやほやしてくれた人たちは驚くべき速さでいなくなります。本人もそれがわかっているから、地位財を買い続けて人をつなぎとめるのでしょう。地位財で自分を幸せにするとはそうした危機感と背中合わせなので、ある種の恐怖が伴うと思います。

　それに対して非地位財は自分の好きなことができること、家族やペットを大切に思う気持ち、友達との楽しい語らい、毎日元気で過ごせるありがたさのことで、お金で買えるものではありません。私にとっての非地位財の1つは、愛猫のチロちゃんとあおちゃんです。2匹とも生後数週間のころからずっと一緒にいて、10年以上になります。雑種なので地位財として自慢できませんが、非地位財としてはパーフェクトです。

　愛鳥のイチゴちゃんももちろんかけがえのない非地位財で、たまに手に乗せて遊んでいますが、これがまた可愛いのです。チロちゃ

んもあおちゃんもイチゴちゃんも、これ以上の幸せはないんじゃないか、というぐらいの幸せを私にもたらしてくれています。

「地位財」と「非地位財」の両方を満たす

　一般に、地位財による幸せは長続きしなくて、非地位財による幸せは長続きする、と言われます。そのため、非地位財をより大事にすべき、といった論調が目立ちますが、私は地位財もある程度大事にすべきだと考えています。**地位財による生活の安定がなければ、非地位財を増やそうという気持ちになりにくいからです。**

　戦前から戦中は、ご飯が食べられる、病気にかからない、雨風をしのげるなど、生理学的な満足感を得ることが幸せにつながっていて、戦後の物のない時代は地位財が主として幸せの象徴でした。その後、高度経済成長期やバブル期を経て、現代のようなストレス社会になるにつれて、非地位財による幸せが重要であるという方向にシフトしてきました。そして、現代においては、地位財と非地位財の両方を適度に満たすことが、肉体的および精神的な充足に欠かせません。

　この「両方を適度に満たす」というところがポイントです。求めるバランスは人それぞれですが、年齢を重ねるにつれて地位財は増える傾向にあるでしょう。そうなれば、お金で買える地位財は必要最低限でよく、お金で買えない非地位財を維持、または増やす努力をすると、心が満たされて幸福度が上がります。お金をかけずに、自分を喜ばせたり楽しませるにはどうしたらいいか、と考えていると、自分が本当にやるべきことが見えてくるでしょう。さらに、お金の無駄遣いも減って一石二鳥です。

究極の幸せは、他人の幸せを自分の幸せにする

　私が、人間関係においてもっとも大事にしている価値観は利他心です。道を聞かれて知っているところならわかりやすく教えますし、知らないところでも一緒に地図を見て行き方を考えます。電車で数十分の移動時間なら座席に座らないのは、座っていると駅に停まるたび、高齢の方が乗ってきたかどうかを確認しなくてはならず、それが手間だからです。

　人に親切にすることは、とても気分がいいことですよね。それは「ありがとう」とお礼を言ってもらえるから、というより、自己肯定感が上がるからだと思います。下心のない親切ほど自己肯定感を上げるものはなく、まさしく自分を幸せにする行為です。このことに気づいて実行できるようになると、損得勘定から解放されてうんと生きやすくなり、幸福度が格段に上がります。他人の幸せを自分の幸せとして捉えられるようになるのが、究極の幸せと言えるでしょう。

　下心のある親切だと、相手がそれに応えてくれないと嫌になってしまいます。また、自分を犠牲にしたボランティアも同様です。真のボランティアとは、下心のない人助けのこと。時間とお金に困っていない人にしかできない、選ばれし善行だと思います。

好き嫌いに正直になる

　私たちは小さいころから、食べ物の好き嫌いはよくないと教わってきましたよね。私はピーマンやタマネギのシャキシャキした食感が苦手で、食べたくないけど食べなさいと言われるので、いつも吐き出したいのを我慢しながらのみ込んでいました。人付き合いにおいても、好き嫌いをしてはいけなくて、誰とでも仲良くするように、と教わったと思います。ただ私は大人になって年を重ねるほどに、**この好き嫌いを自分の感覚として大事にしたほうがいいのではないか**、と考えるようになりました。

　大人になって、ピーマンは好きになりました。タマネギは自分でちゃんとていねいに組織を壊さないようにゆっくり切ったものは何の問題もなく食べられますが、外食先などで、叩き切られて辛味が出たものはまったく食べられません。嫌いになるには、ちゃんと理由があるわけです。仕事の場合、苦手な作業をすることほど、能率が悪いことはありません。どんなにやっても結果を出せず、やればやるほど深みにはまって自己嫌悪に陥ります。周囲の評価も得られないので、悪い方向にしか進みません。

　この、嫌いなことや苦手をなくしましょう、というのは、短所や欠点をなくしましょう、という話と同じ文脈で使われる気がしますが、間違っていると思います。**好き嫌いは私たちにとって、ものすごく重要なセンサーです**。仕事においては適性につながりますし、人間関係では無駄な軋轢を生まずに済みます。人に対して、ちょっ

と嫌な感じがする、違和感がある、と感じたら、よほどの理由がない限り、速やかに離れたほうがいいと思います。ほかに人がいなくて、その人しかいない場合は仲良くする必要がありますが、そんな状況は無人島に行かない限り起きません。世の中は広くて、いろんな人と仲良くする権利があるのですから、嫌な感じがする人とわざわざ付き合うことはありません。

好き嫌いを理性や知性で抑え込まない

　運がいい人は、自分の好き嫌いをセンサーとしてうまく活用していて、好きで得意なことを伸ばせている人、という言い方ができるでしょう。だから失敗が少なく、結果を出しやすいわけです。いっぽうの運が悪い人は、好き嫌いを理性や知性で抑え込んでしまって、こうすべき、こうあらねばならない、ということに時間と労力を割いている人と言えます。無理している分、ストレスも増えて体調を崩す可能性も上がります。

　好きになること、嫌いになることには必ず理由があります。**その理由を無視して抑え込まずに、好き嫌いを大事にすると、仕事ではやりがいを見つけられてパフォーマンスが上がり、人間関係ではいい仲間に恵まれるでしょう。**

　好き嫌いは子どものころにできたものだけではなく、大人になった今も、日常的に感じます。ランチしたお店の店員さんがいい感じだったとか、友達が着ていた服がよく似合っていて雰囲気がよくなったとか。逆に、このインテリアは苦手、この味付けは嫌い、ということもあります。そうした小さな好き嫌いを意識することで、抑え込んでいた感情が解放されて心が軽くなり、自分らしく生きやすくなると思います。

ピンチは生活の質を
上げる大チャンス

日々粛々とルーティンをこなしながら、普通に、平和に暮らしていければ十分幸せですよね。誰もピンチになることを望みませんが、ピンチになると、否応なしに仕事や生活の仕方を変えなければいけなくなります。**新しいことをしようという気概が生まれて、それがチャンスにつながることも結構あるものです。**

私は証券アナリストだったころ、普通に仕事をして、そこそこ活躍し、それなりにいいお給料をもらっていました。充実した日々を送っていましたが、部長が変わって一変しました。証券アナリストランキングという日経新聞のランキングがあって、それでいい点数を取って上位に行くには、お金にならない中小の金融機関などに目いっぱいサービスをしないといけないのです。私はそのランキングを重視していなくて、顧客ランキングで上位を維持できればいいと思っていました。ですが、新しい上司が証券アナリストランキング順に席替えをしようとし、順位が上の人には窓側のいい席を割り当て、順位が下の人は真ん中の席にすると言い出したのです。

その上司がランキング1位だからそんなことを言い出したわけで、私はあきれて付き合っていられないと思い、会社を辞めることにしました。私以外にも、何人ものアナリストが辞めました。その半年後に投資顧問業を始めたのですが、1年半後に第2のピンチとして金融危機のリーマンショックが起きて、顧客がいなくなってしまいました。それで投資顧問業を続けられなくなって仕事を変えようと

思い、まず有料メールマガジンを始めて、勝間塾を立ち上げること
にしたわけです。

　ピンチが連続して起きて、生きる基盤が音を立てて崩れるショッ
クは相当なものでしたが、一度盛大に崩れないと、自分を大きく変
えることができません。あのときに変わることができてラッキーで
したし、今も私はピンチはチャンスだと思っています。

ピンチは問題を解決する

「人間万事塞翁が馬」あるいは、「大吉は凶に還る」ということわざ
が意味する通り、人生の幸運と不運は常に螺旋状に回っているもの
のように感じます。悪いことが起きると、悪い方向にばかり考えが
ちですが、これがいいことにつながるかもしれない、状況が好転す
るサインかもしれない、と考えられると気持ちをうまく切り替えら
れると思います。

　典型例は、離婚やパートナーとの別れでしょう。親しい人と別れ
るときは、心が引き裂かれるような痛みがあって当然です。ただ、
別れはある日突然くるものではありません。半年や1年、2年、3年
という月日を経て、少しずつ関係が悪化した結果にすぎません。途
中でうすうす気づいても、認めたくない気持ちからやり過ごしがち
で、結果、修復不可能なところまで行きつくわけです。

　そうなったとき、私たちはドン底に落ちたような気持ちになって、
この世の終わりだとか、私にはもう新しい出会いなんてないなどと
思って落ち込むものですが、**長い間立ち込めていた暗雲が晴れた、
と考えることもできます**。それまで、関係の悪化に気づいていなが
ら目を逸らしていただけで、それがはっきりと表出して、よくも悪
くも問題が解決されたわけです。そして解決されたら、その後はい

い方向にしか進みません。別れは一種の「底つき体験」で、別れた後は上がるしかないのです。

すごくいいことがあったら気を引き締める

　悪いことが起きても、ここから好転するんだ、いいことにつながっているんだ、という考え方ができれば、ズドーンと落ち込み続けることはないと思います。逆に、いいことが起きたら、浮かれっぱなしにならないように、気を引き締めましょう。特にいいことが続くと油断して、見落としや見誤りが増えるので注意が必要です。視野を広げ直して、いいことが続くように努力してください。

　人生の幸運と不運が螺旋状に回っている例として、宝くじで高額当選した人が有名です。高額当選した人は全員もれなく当たった瞬間に幸せのピークを迎えます。お金の使い方は大きく2つに分かれて、事業の資金にしたり運用に回したり、あるいは慈善団体に寄付するなど、堅実な使い方をする人と、派手に浪費する人です。後者の使い方をすると周囲の人にやっかまれたり、詐欺被害などのトラブルに見舞われやすいと言われます。

　わーい！　と喜んだら、意識して気持ちを切り替えないといけないのかもしれません。**すごくいいことがあったときほど、悪いことにつながらないように慎重になって、しっかりリスクマネジメントしましょう。**

問題を発見することから逃げない

　何か問題が起きたり、都合や調子が悪いことがあったら、本当はすぐに原因を特定したほうがいいのですが、どうしても目を背けて逃げたくなります。要するに、うまくいっていないことを認めたくないからで、問題はあるけど大筋ではうまくいっているとか、なんとかなるだろう、とやり過ごしがちです。しかし言うまでもなく、やり過ごしたところで状況は改善しません。むしろ時間が経過するほど悪化して、抜本的な解決は遠ざかるばかりです。

　そうとわかっているけど、なかなかできない……。そんな気持ちを紛らわすいい方法があります。答えは、お酒を飲む、タバコを吸う、スマホをいじる、ゲームをする、です。世の中には現実から目を背けさせてくれる方法が山のようにあって、ちょっと気を紛らわせるつもりが依存する、という構造になっているのです。

　だからこそ、**私たちは日常生活の中で、今何か問題を抱えてないかどうか、と自分自身をスキャンし続けなければなりません。**もし問題を見つけたら、どんなに直視したくないことでも目を向けて、ほんのちょっとずつでいいから解決していくしかないのです。

　特に、問題が家庭や職場の人間関係にある場合はこじれているケースが多く、解決するまでに時間がかかります。健康面の問題も、1日や2日では改善しないでしょう。いずれも辛抱する必要がありますが、問題を見つけて目を向けることは、改善の方向に進んでいることを意味します。目を背けていれば、どんどん悪化していきま

す。この違いはとても大きいのです。

問題解決に向かって前進すると自信がつく

私はばね指（指の腱鞘炎）の手術の後遺症で、指がまっすぐに伸びなくなったことがありました。それが嫌で、でも、自分の指が曲がっていると認めるのはもっと嫌で……。でも、そんなことを言っていてもよくならないので、いろいろ調べて診察を重ねた結果、関節の可動域が制限されるデュピュイトラン拘縮だと判明しました。

それを治す方法は指のストレッチしかなく、頑張って地道に続けて日常生活に支障がないレベルにまで回復しました。手術した手としてない手を見比べても、大きな違いはありません。今後もストレッチを続けていこうと思っています。

自分の指が曲がっているのを認めるのは本当に嫌でしたが、認めないと回復に向かって前進しません。一度認められたら、腹をくくって前進できました。**どんな問題も同じです。ほんのちょっとずつでも改善していくことが喜びに変わって、自信につながります。**

「抜け道思考」のすすめ。正面突破より目標達成が早いケースもある

　ラテラルシンキングとは、ビジネスマンに必要とされる思考法の1つで、目標達成や問題解決を目指すとき、固定概念や既存の論理に捉われないで、様々な角度から自由に考察して新しい発想を生み出すことです。日本語で「水平思考」とも言われます。

　目標達成や問題解決を目指すとき、正攻法で正面突破できないときがあります。そのとき、どうやったら正面突破できるかを考えるのではなく、正面突破できないなら、ほかにいい抜け道がないかを考えるわけです。

　この**「抜け道思考」を思考の癖にすると、物事との向き合い方や取り組み方がずいぶん変わる**と思います。できれば、正面から行く道を含めて3つか4つルートを考えて、自分にとって一番いいと思う道を選択するようにしてください。

　私は19歳のときに、公認会計士に1回で合格しましたが、その方法は11歳上の姉に相談して入手しました。具体的に言うと、姉の知り合いで公認会計士の試験に受かった方がいたので、その方を紹介してもらって勉強の仕方を教わったのです。

　公認会計士を目指す正攻法は、専門学校に入る方法でしょう。ただ、1クラス40〜50人いて、そのクラスの中から年間1人や2人しか合格しないということは、学校のやり方通りにやってもまず受からない、ということです。1から勉強を始める人同士で、そんなに能力差があるはずがないので、学校のやり方に問題がある可能性が

高いことになります。それで、私は受かった人に受かり方を聞いたほうが話が早いと思い、姉に紹介してもらった合格経験者に話を聞きに行ったのです。

抜け道探しは最短ルート探し

当時私は高校生で、相手は初対面の社会人。平日にその方のオフィスを1人で訪ねて、こういう勉強の仕方をするといいよ、と教わって、その通りにやったら本当に1年で受かりました。30年以上前の勉強法で、試験制度も変わっているので今も通用するかわかりませんが、具体的には、とにかく簿記だけ一生懸命やってくださいと言われました。専門学校だと7科目ぐらいを一斉に同時に進めますが、それを無視して簿記をやってください、と。

それで本当に、ひたすら簿記だけを勉強しました。専門学校のほかの科目にはほとんど出ないで、代わりに簿記1級の課程を追加で申し込み、3級から順に、2級と1級も勉強しました。その結果、すごくいい点数が取れて1年で受かったわけです。簿記1級に比べたら、試験内容が簡単に感じられるほどでした。

もし、正攻法で正面突破する発想しかなかったら、どうなっていたことやら……。昔から、常に抜け道を探す思考の癖があってよかったと思います。

自信過剰は成長しない。
ほどほどの自信でOK

　世間一般に、自分に自信を持っている状態が好ましいとされていますよね。だから、自信がないとダメだと思いがちですが、実は自信がないことにも大きなメリットがあります。自信過剰だと人の意見にあまり耳を傾けず、人に間違いを指摘されたり、状況が変化しても自分の信念や価値観を変えないで、変化に適応しにくくなります。いっぽう自信がない人は、自信がないゆえに人の意見を重んじて、指摘や変化に対して柔軟に対応しようとするのです。

　もっともインポスター症候群と言われるような超自信がない状態だとネガティブになりすぎるので、ほどほどの自信は必要です。具体的に言うと、**何かを決断するとき、人に意見を聞いたりしながらも、最終的には自分で決められる程度の自信があれば十分です。**

　むしろ、自信過剰になるほうが問題だと認識していると"天狗"になることがなく、つまらないプライドもなくなって、間違いを認められるようになります。間違いを認めることは、人として大きく成長できるポイントです。だから、過度に自信をつけようとする必要も、自分に自信がないことを気に病む必要もありません。逆に、絶好調で自信があるときは、「周りが見えなくなっているかもしれない」と自分に警告を出すぐらいでちょうどいいと思います。

　実は、実力がない人ほど自信があるフリをします。本当は実力も自信もない自分を守ろうとするためで、実力がつくにつれてフリをする必要がなくなり、ほどほどの自信で暮らせるようになります。

無理なポジティブ
シンキングはしない

「幸せホルモン」と言われる神経伝達物質のセロトニンをご存知でしょうか？　セロトニンの分泌量の多少は遺伝子的に決まっていて、分泌量が多い、少ない、中間という3タイプがあります。日本人は6割以上が分泌量の少ないタイプで、心配性で不安を感じやすい人が多数派で、楽観主義者は少数派です。

　私も明らかに多数派です。将来のことを考えると漠然とした不安に襲われて、病気になったらどうしよう、何かのトラブルに巻き込まれたらどうしよう、と悪いほうに考えてしまいます。海外に行くと落ち着かなくて、買い物に行けばスリや詐欺に遭わないように気をつけて、食事をするときは衛生面に細心の注意を払います。マイコードというDNA検査でも、私は心配性で不安を感じることが多いという結果がはっきり出ています。

　だから損害回避傾向が強くて、入念にリスクマネジメントするわけですが、はたから見るとかなりネガティブに見えるらしく、もっと気楽に、ポジティブに考えたほうがいいよ、と言われるときがあります。が、これはもう、性格だからどうしようもありません。同じようなことを言われた経験がある人も、ぜひ自分が心配症であることを認めて、無理してポジティブシンキングをするのはやめましょう。**心配症は悪いことばかりではありません。**お金や健康の管理をしっかりするため将来に対する備えが万全になり、納期や約束を破ることがないから人から信頼されやすくなります。

幸せになる最大のコツは、隣の人との比較をやめること

　付き合いが長い友達で、一般社団法人ウェルビーイング心理教育アカデミーの理事をしている心理カウンセラーの渡邊奈都子さんから「幸せになる最大のコツは、人との比較をコントロールすること」と聞いて、なるほど！　と膝を打ったことがありました。

　私たちは社会的な生き物なので、人と比較せずにはいられません。隣の人と比べて、自分の収入はどうか、外見はどうか、住んでいる家は、車は、パートナーは、となんでも比べて自分の「位置」を確認します。そして、自分のほうが「上」だと思ったら嬉しくなって、幸せを感じます。言い方を換えると、幸せは隣の人より自分が上だと思えること。自分がある程度稼げていても、隣の人がもっと稼いでいたら嬉しくなくて、幸せを感じにくいのです。

　人との比較をあまりしないようにする、または比較した結果に振り回されないようにするには、自分の「軸」を持つことが肝要です。「軸」とは自分の価値基準で、本当に大切にしたいことや、譲れないこと、優先順位が高いもの、と言うこともできます。

　例えば食事をするとき。高級なものを求めたら、何万、何十万、それ以上することもあってキリがありません。いっぽう、私の大好きな「ゆで太郎」や「ロッテリア」だったら、500〜600円でおいしくお腹を満たせます。そのとき、隣の人はランチに1万円も出しているのに、私は500〜600円しか出せないのか、と思って悲しくなってしまうタイプの人は、幸せを感じにくくて、お金も浪費してしま

いがちのようです。

　私のように、ゆで太郎のかき揚げはいつ食べてもサクサクしていておいしい！　ロッテリアのハンバーガーはジューシーで最高！と言いながら満足できるタイプには、隣の人が高級ランチを食べていても、はっきり言ってどうでもいいことです。なぜなら、私にとって優先順位が高いのは、高級であることより、コスパがよくておいしいものを食べることだからです。

人と比較しやすい人は浪費しやすい

　私は昔から、ベンツやBMWを買う人が不思議で仕方ありませんでした。日本車なら、同じクラスの車を3分の2から半分の値段で買えるのに、なんでわざわざ高いお金を出すのか、と。はっきり言って、輸送費とディーラー代を払っているようなものなのです。しかも、メンテナンス代も修理代も高くつきます。それでも、ベンツやBMWだと隣の人より「上」に思えて幸せ、というタイプの人が買うわけです。

　実は、私の2番目の夫がそのタイプで、結婚していたとき、彼がどうしてもベンツがいいというので、乗っていたことがありました。私は無駄遣いをしているとしか思えなくてちっとも嬉しくなく、離婚したときに彼にあげてしまいました。以来、私は日本車にしか乗っていません。

　また、どうして多くの人が値段の高いiPhone の最新型を欲しがるのかも疑問です。ブラインドテストで、いろんなスマホで撮った写真を比べると、iPhoneは成績があまりよくありません。それでも欲しいと思うのは、値段が高い最新型を持っていると人の注目を集めたりして鼻が高いからでしょう。外車と同様に、購入動機に人と

の比較が入る人は浪費に注意したほうがいいと思います。

お金がないのに浪費してしまう人の心理

　冒頭の渡邊奈都子さんによると、どうしてお金がないのに浪費をしてしまう人がいるかというと、収入が少ないにもかかわらず、収入が高い人の真似をしてお金を使ってしまうからだそうです。これまた、なるほど！　と膝を打ちました。収入は低いのに消費性向だけ上がると、お金が出て行くいっぽうになります。貯金や運用にお金を回せないどころか、足りなくなる可能性も起こり得ます。

　もし収入が低くても、低いなりに満足できる暮らしは送れます。家賃が低い家に住む、外食を控えて自炊にする、家電は値段が安い1つか2つ前の型にする、服はユニクロやGUにするなど、方法はいくらでもあるわけです。そうやって暮らして、私が推奨するドルコスト平均法による中長期運用に、収入の10〜20％を回して増やせば、経済的に豊かにもなれるし、幸せにもなれるはずです。それができなくて、収入が高い人と同じようにお金を使いたくなるのも、**根本には、人と比較して自分は「下」だと思ってしまうせい**でしょう。

　人はどうしようもなく比較する生き物ですが、比較する頻度や比較に対する感受性は、もって生まれた性格や生育環境によって異なると思います。ただ、その後の訓練、すなわち、自分の「軸」をしっかり作ることで、比較の頻度も感受性も下げることができます。**自分はこれがいい、こうしたい、ということができて、自分の優先順位を満たせればオールOK**。そうやって、自分の軸の中で幸せを見つけていくと、浪費も防げます。

快楽の幸せよりも、充足の幸せを増やす

　幸せには、快楽の幸せと充足の幸せの2種類あります。快楽の幸せの多くはお金で買えて、喜びや楽しさのピークが瞬間的に高くなるかわりに、長く続かないのが特徴です。いっぽうの充足の幸せはなかなかお金で買えず、喜びや楽しさの大きなピークはありませんが、一定レベルで継続するのが特徴です。

　例えば、お酒を飲むのは快楽の幸せの典型例です。飲むとアルコールの作用でふわぁ〜としてリラックスでき、会話が楽しくはずんだりしますが、その幸せはお酒を飲んでいる間しか続きません。飲みすぎれば肝臓に負担をかけて、高血圧や心疾患、糖尿病、ガンなど様々な健康被害を及ぼします。高級レストランでの外食や旅行、エステ、マッサージ、ブランド品の買い物も快楽の幸せに分類できます。

　充足的な幸せの典型例は、人に親切にすることだと思います。見知らぬ人に道を教えて「ありがとう」と言われるとか、荷物が重そうな人を手伝って「助かったわ」と言われるとか。仕事の後輩にアドバイスして「うまくいきました！」と喜ばれることでも、充足の幸せを得られます。相手が喜んでいると自分も嬉しくなって、その日1日気分よく過ごせます。だから次の日も親切にしたくなって、そうすると毎日気分よく過ごせるだけでなく、周囲の評判も上がります。趣味に没頭する、家族やペットと過ごす、自分の健康のために自炊や運動をするというのも、充足の幸せです。

人には、快楽の幸せと充足の幸せの両方が必要です。ただ、自分の幸せのポートフォリオを考えたとき、充足の幸せがメインにあって、快楽の幸せはサブ、あるいはトッピング程度に考えることをおすすめします。**割合で言うと、快楽の幸せは2〜3割にしたほうがいい**と思います。なぜなら、快楽の幸せが増えれば増えるほどお金や健康を失う可能性が高いからです。

人は、快楽の幸せがメインの人を警戒する

人を見たときに、やさしそうとか、頼りがいがありそうとか、面白そうとか、いろんな印象を受けます。それと同じように、快楽の幸せと充足の幸せのどちらをメインにしている人なのか、ということもなんとなく雰囲気でわかるものです。

充足の幸せがメインの人に対しては、誰でも心を開きやすく、一緒にいると自分も満ち足りた気分を味わえます。快楽の幸せがメインの人の場合、一緒にいるとお金がたくさんかかるんじゃないかと用心します。同じ快楽がメインの人同士だと張り合うことになり、充足の幸せが多い人だと話が合わず、見下される不安も伴うため距離を置かれてしまいます。

そうならないように、**常に充足の幸せを増やすように心がけましょう**。それが習慣になると、人に親切にするのはもちろん、道にゴミが落ちていると、躊躇なく拾ってゴミ箱に捨てられるようになります。なぜなら、「ゴミを拾って捨てた私はなんて偉いんだ!」となって、自分を褒めて幸せにすることができるからです。**お金はかからず、しかも世の中のためになることで幸せになれるなんて、最強です。**

やらない後悔は
一生引きずる

何かにチャレンジして失敗したときは、やらなければよかったと後悔しがちです。でも、やらなかったら、あのときやればよかったと後悔します。よく、どっちも後悔するなら、やった後悔を選んだほうがいいと言われますが、私も同意見です。あくまでも自分ができる予算と時間の範囲内ですることですが、迷ったら自分の気持ちをやる方向に傾けるようにしています。なぜなら、**やらない後悔はあとあと尾を引いて、一生後悔する場合もある**からです。

やってみて、成功する割合は3〜4割で上々でしょう。残りの6〜7割は失敗か、イマイチな結果に終わります。たとえそれでも貴重な学習機会になって、経験値を上げられることに違いありません。失敗は成功の元と言われる通り、次にしたときの成功率が上がることも意味します。やらなければなんにも学習できなくて、経験値も成功率も上がりません。成功する割合は3〜4割というと低く感じるかもしれませんが、初めてチャレンジすることなら、なかなかの高確率です。この確率からも、できるだけやった後悔を選ぶことをおすすめします。

ポイントは中長期的な視点に立って、これは自分の人生においてきっとプラスになるだろう、と思う経験は必ずすることです。年を重ねるほど臆病になりがちですが、私たちが生きているのは100歳時代です。いつまでもイキイキと暮らすためにも、やらない後悔より、やった後悔を選ぶことを念頭に置いておきましょう。

LIFE HACK 99

目に見えるものは
相手のすべてではない

　人のことを羨ましく思うことがありますよね。それだけで終われればいいのですが、「あの人はあんなにキラキラしているのに、それに引き換え私は……」とため息をついてクヨクヨする人が結構います。仕事でも、「あの人はあんなに評価されているのに」と、自分の無力感に苛まれる人も少なくないでしょう。

　これはやらなくていいことです。どうしてかというと、**見えていることがその人のすべてではなく、ポジティブなサイドしか見えていないからです**。本当はネガティブなサイドもたくさんあるのに、見えないから、キラキラして映るわけです。いっぽう、自分のネガティブなサイドはよく見えているから、相手のキラキラにあてられて自分に嫌気が差してしまうわけです。もし、相手のネガティブなサイドも見えたら、そうはならずに済むでしょう。

　誰だって、人には自分のいいところを見せるようにします。「外面（そとづら）」という言葉が意味する通りで、人に見せたくない悪いところは隠します。SNSに投稿するのも、憧れの人と一緒に仕事をしたときや、高級料理を食べたとき、旅行したときなどの特別なときで、基本的にキラキラしたものを選びます。わざわざ「今日は溜まった請求書を書いています」「お昼はふりかけご飯を食べました」みたいな地味な投稿は誰もしません。SNSに載る自分は等身大の自分に比べて、1.2～1.5倍、下手したら2倍くらいになるものだと思います。

ことさらキラキラした投稿が多い人は、それをマネタイズしていて、何かの商品やサービス、ノウハウを売っている人たちでしょう。商売ですから、ネガティブなことを言うわけがありませんね。でも、実際にはネガティブなサイドがあって、ミスも失敗もして、トラブルも起きています。ただ、それを見せていないだけです。

人は人、自分は自分

　人のキラキラした一面を見て羨ましいと思うのとは逆で、私たちは影が薄い人や愛想が悪い人、口数が少ない人など、ネガティブな印象の人のことはイマイチと思って、自分のほうがマシ、のように優越感を抱きがちです。これも、たまたま見えているのがその人のネガティブなサイドで、ポジティブなサイドもある、と考えるべきでしょう。実際はどうかわかりませんが、会社では存在感がないけど、趣味のスポーツや音楽では別人のように活躍している、という人もいると思います。

　と、考えていくと、**すべてが見えない相手と自分を比べる意味はない**ことに気づきます。相手の一面を見てプレジャッジ（早まった判断）をして、羨ましがったり落ち込んだり、優越感を抱いたりして、いったい私たちは何をしているのでしょうか……。そんな意味のないことに時間を費やすのではなくて、互いに取り入れられる情報があったら交換して、高め合っていくことにフォーカスすべきです。

　もし、やっても意味がないとわかっていながら、どうしても人と比べてしまう、という人はここで「もうやらない！」と決意してください。人は人、自分は自分です。誰かにキラキラした話を聞かされても、「へぇ～、すごいねぇー」という感じで、話半分で聞き流すようにしてください。そのうち、羨ましいともなんとも思わずに、

さらりとかわせるようになります。

優先順位が明確だと人を羨ましがらない

　かつて、肌も髪もピカピカですごくきれいにしている女性の話を聞いたとき、美容にそんなにお金と時間と手間をかけるの⁉　とびっくり仰天したことがありました。素直に尊敬するレベルで、きれいな人にはきれいになる理由と歴史があることを思い知りました。じゃあ、その人と同じようにできるか、と聞かれたら、ごめんなさい、私の美容の優先順位はそこまで高くないので、できません、と答えます。同じようにはできないけど、自分にも簡単に真似できそうなことがあったら教わります。

　人並みにきれいになることに興味はあっても、美容の優先順位が低ければ、できることがあったらやる、というスタンスになります。もし美容の優先順位が高かったら、根掘り葉掘り質問するでしょう。いずれも、羨ましいと思う暇はありません。羨ましいと思ってしまう一因は、優先順位の曖昧さにあるのです。

　何かで人を羨ましいと思うことがあったら、それは自分の中で優先順位が高いことかどうかを考えてください。実は、周りの人がすごいすごいと騒いでいるだけで、自分はあまり興味がないことだった、ということもあるものです。その仕分けができると、無駄に羨ましがらずに済んで、参考にできることを取り入れられるようになるでしょう。

自分にとっての
ベストプラクティス
＝正解を探す

転職や資格取得、語学学習など、何か目標を立てて実現しようとするとき、多くの人が先人のやり方に倣うものだと思います。そうすると最短ルートで実現しやすくなるからですが、私がおすすめしたいのは、自分がよりやりやすい方法、より快適にできる方法、すなわち、**自分にとってのベストプラクティス＝正解でやること**です。

仕事も勉強も、そのほか家事も運動もすべてに、自分に合ったやり方があります。手本となるやり方は親や上司、先輩などから教わりますが、それがそのまま自分にフィットすることはまずないでしょう。なぜなら、人それぞれ得意とすることも経験してきたことも、五感のどの感覚が鋭いかもすべて違うからです。だから、教わった通りにするのではなく、自分が快適にできるやり方に調整したほうがベター。それによって時間がかかって多少遠回りになったとしても、ストレスなくできて、楽しく長く続けられます。

教わった方法は、教えてくれた人にとってのベストプラクティスであって、自分にとってのベストプラクティスになるとは限りません。一度教わった通りにやってみて、ここはこうしたほうがやりやすいな、このプロセスを加えよう、というふうに自分流に改善したほうが、結果的に目標を達成しやすくなります。これまで物事が持続しにくかった人は、誰かのベストプラクティスに自分を無理やり合わせていたせいかもしれません。自分のベストプラクティスを見つけましょう。

おわりに

　スポーツや楽器、ダンス、書道、絵画など、どんな習い事もコツコツと続ければ、誰でも上手にできるようになるものです。それと同じように、**100歳時代の人生戦略ハックもコツコツと続ければ、誰でも自由に豊かに生きられるようになります。**

　続けやすくするには、習慣に落とし込むことがポイントです。人間の意志は弱いので、続けやすい仕組みを作るに限ります。例えば、ドルコスト平均法で中長期運用するお金を、毎月の給料日に給料の10〜20％を天引きするようにすすめるのも、お金が余ったら運用しよう、というやり方だと途中で挫折するからです。天引きして、最初から「ないもの」にするから意志の力とは関係なく、続けられるわけです。

　「動ける体づくり」の1つの方法として紹介した、駅ではエスカレーターを使わずに階段を上る、というのも、実に習慣化しやすいと思います。なぜなら、駅には階段が必ずあるからです。もし階段がめったになかったり、見つけるのに苦労するものなら続けられませんが、どこでもすぐに見つかる以上、続かない理由にはなりません。最初はきっと駅の階段を見るたび、私を思い出すでしょう（笑）。勝間さんが言っていたから仕方ない、階段を上るか、と渋々上る人もいるかもしれません。

　それも最初の数回で、次第に私の顔を思い出さなくなるに違いありません。時間効率的にも階段を上ったほうが断然よく、前後の人との距離が気になるなどのストレスもないので、案外すぐ"階段派"にシフトできます。そして、わざわざ長蛇の列に並んでまでエスカ

レーターを使おうとする人たちを見て、「いやー、せっかくの機会なのにもったいない」と思えるようになるでしょう。そのほか、短時間労働でも成果を上げるコツや、人に過度な期待をしない思考法、スケジュールに余白を設ける時間術、人と比べたくなる気持ちを抑える方法なども同じで、**意識的に行うのは最初の数回だけで、あとは自動的に続けられるでしょう**。その最初の数回がネックでなかなか始められない……、という気持ちもよくわかります。なぜなら、私たちはみんな「易行」が好きだからです。

易行とは誰にでもたやすくできる修行のことで、例えば、南無阿弥陀仏と唱えてさえいれば極楽浄土に行ける、と考えることです。それはさすがに安易で都合がよすぎると思いますよね。苦行や難行をする必要はないでしょうが、極楽浄土に行きたいなら般若心経を唱えられるようになるとか、人に親切にするとか、できることはコツコツ続けようよ、という話です。

これまでに私は、英語はどうやったら話せるようになりますか？とたびたび聞かれました。まずは語彙を増やすことが先決なのでそう答えると、たいていの人にがっかりされました。皆さん、語彙を増やす段階を飛ばして、英語を話せるようになりたいわけです。けれども、それは無理な相談です。結果とは、やるべきことをやった上で出るもので、何もしなければ結果は出ないし、やるべきことを半分しかやらなかったら、それなりの結果しか出ません。言うまでもなく、成功という結果を出しているのは、やるべきこと＋αのことをやった人たちです。

世の中には易行化するビジネスが多く、それにある意味"洗脳"されている人が多いのかもしれません。簡単にお金が貯まる、簡単に稼げる、簡単にスキルアップできる、簡単に痩せる、などなど。

もちろん、無理なことまでする必要はありません。**続ける秘訣は、無理なく続けられる範囲に留めることです**。そして続けると、ドルコスト平均法による中長期運用のように、経験やスキル、体力、知恵、人脈などすべて「複利」で増えていきます。だから無理なくできることを続けたほうが得で、年を取れば取るほど楽しみも喜びも増える、というわけです。逆に何もしないと、している人との差も複利で開くことに……。今の日本でも収入や消費、価値観などが二極化していると言われますが、生き方も例外ではないのかもしれません。

　誰もが、10代より20代、20代より30代のほうができることが増えて、楽しみも喜びも増えたことを実感されたと思います。それと同様に、**40代よりも50代、50代よりも60代、60代よりも70代、70代よりも80代、80代より90代と、人生の幸福度をどんどん上げることが可能です**。そのためにぜひ、1つでも多くの100歳時代の人生戦略ハックを続けましょう。

　そうすれば、「過去最高の自分で最期を迎える」ことができると思います。私はそれを目指して、本書で紹介した方法をコツコツ実行することで、自由さと豊かさが増していることを日々実感しています。

勝間和代

参考文献

『LIFE SHIFT（ライフ・シフト）100年時代の人生戦略』
（リンダ・グラットン、アンドリュー・スコット著、池村千秋訳、東洋経済新報社）

『死ぬまで、働く。』
（池田きぬ著、すばる舎）

『NATURE FIX　自然が最高の脳をつくる』
（フローレンス・ウィリアムズ著、栗木さつき、森嶋マリ訳、NHK出版）

『LIFESPAN（ライフスパン）：老いなき世界』
（デビッド・A・シンクレア、マシュー・D・ラプラント著、梶山あゆみ訳、
東洋経済新報社）

『自転車通勤で行こう』
（疋田智著、WAVE出版）

『世界一の美女の創りかた』
（イネス・リグロン著、マガジンハウス）

『DIE WITH ZERO　人生が豊かになりすぎる究極のルール』
（ビル・パーキンス著、児島修訳、ダイヤモンド社）

『7つの習慣』
（スティーブン・R・コヴィー著、フランクリン・コヴィー・ジャパン訳、
キングベアー出版）

勝間和代（かつま・かずよ）

経済評論家。株式会社監査と分析取締役。
1968年東京生まれ。早稲田大学ファイナンスMBA、慶應義塾大学商学部卒業。アーサー・アンダーセン、マッキンゼー・アンド・カンパニー、JPモルガンを経て独立。少子化問題、若者の雇用問題、ワーク・ライフ・バランス、ITを活用した個人の生産性向上など、幅広い分野で発言を行う。最近では、経済と効率化の知見と実体験、研究をもとにした家電、家事のアドバイスが人気。『ラクしておいしく、太らない！ 勝間式超ロジカル料理』（アチーブメント出版）、『増補改訂版 勝間式食事ハック』『仕事も人生もうまくいく！ 勝間式 タイムパフォーマンスを上げる習慣』（以上、宝島社）、『圧倒的に自由で快適な未来が手に入る！ 勝間式ネオ・ライフハック100』『自由もお金も手に入る！ 勝間式超スローライフ』『勝間式生き方の知見 お金と幸せを同時に手に入れる55の方法』（以上、KADOKAWA）など、著作多数。

装丁・本文デザイン／菊池 祐
イラスト／加納徳博

撮影／後藤利江
ヘアメイク／小林麗子（do:t）

DTP／三光デジプロ
校正／東尾愛子

編集協力／茅島奈緒深

一生自由に豊かに生きる！
100歳時代の勝間式人生戦略ハック100

2023 年 3 月 29 日　初版発行

著　者／勝間和代
発行者／山下直久
発　行／株式会社 KADOKAWA
　　　　〒 102-8177　東京都千代田区富士見 2-13-3
　　　　電話 0570-002-301（ナビダイヤル）
印刷所／凸版印刷株式会社

本書の無断複製（コピー、スキャン、デジタル化等）並びに
無断複製物の譲渡及び配信は、著作権法上での例外を除き禁じられています。
また、本書を代行業者などの第三者に依頼して複製する行為は、
たとえ個人や家庭内での利用であっても一切認められておりません。

●お問い合わせ
https://www.kadokawa.co.jp/（「お問い合わせ」へお進みください）
※内容によっては、お答えできない場合があります。
※サポートは日本国内のみとさせていただきます。
※ Japanese text only
定価はカバーに表示してあります。

©Kazuyo Katsuma 2023 Printed in Japan
ISBN 978-4-04-606186-7 C0095